Aníbal, o Inimigo de Roma

A história e os segredos do célebre general cartaginês, gênio militar que conquistou a Hispânia, cruzou os Alpes e chegou às portas de Roma.

Conforme Novo Acordo Ortográfico

Gabriel Glasman

Aníbal, o Inimigo de Roma

A história e os segredos do célebre general cartaginês, gênio militar que conquistou a Hispânia, cruzou os Alpes e chegou às portas de Roma.

Tradução:
Rosalia Munhoz

MADRAS

Publicado originalmente em espanhol sob o título *Aníbal – Enemigo de Roma* por Ediciones Nowtilus, S. L.
© 2007, Ediciones Nowtilus, S. L., Madri, Espanha.
www.nowtilus.com
Direitos de edição e tradução para o Brasil.
Tradução autorizada do espanhol.
© 2009, Madras Editora Ltda.

Editor:
Wagner Veneziani Costa

Produção e Capa:
Equipe Técnica Madras

Tradução:
Rosalia Munhoz

Revisão de Tradução:
Amoris Andrea Valencia López

Revisão:
Wilson Ryoji
Jane Pessoa
Maria Cristina Scomparini

Dados Internacionais de Catalogação na Publicação (CIP)
(Câmara Brasileira do Livro, SP, Brasil)

Glasman, Gabriel
Aníbal, inimigo de Roma: a história e os segredos do célebre general cartaginês, gênio militar que conquistou a Hispânia, cruzou os Alpes e chegou às portas de Roma/Gabriel Glasman ; tradução Rosalia Munhoz. – São Paulo: Madras, 2009.
Título original: Aníbal, enemigo de Roma

Bibliografia
ISBN 978-85-370-0556-9
1. Aníbal, 247-183 A.C. 2. Generais – Cartago – Biografia 3. Guerras Púnicas I. Título.

09-11876   CDD-923.5

Índices para catálogo sistemático:
1. Cartago: Generais: Biografia 923.5

É proibida a reprodução total ou parcial desta obra, de qualquer forma ou por qualquer meio eletrônico, mecânico, inclusive por meio de processos xerográficos, incluindo ainda o uso da internet, sem a permissão expressa da Madras Editora, na pessoa de seu editor (Lei nº 9.610, de 19.2.98).

Todos os direitos desta edição, em língua portuguesa, reservados pela

MADRAS EDITORA LTDA.
Rua Paulo Gonçalves, 88 – Santana
CEP: 02403-020 – São Paulo/SP
Caixa Postal: 12183 — CEP: 02013-970
Tel.: (11) 2281-5555– Fax: (11) 2959-3090
www.madras.com.br

DEDICATÓRIA

A Tomas e Lucas

ÍNDICE

Introdução 9
I. Cartago, o Berço 15
    A Cartago histórica 18
    Política e poder em Cartago 21
    A sociedade cartaginesa 26
    A população de Cartago 27
    Cultura e religiosidade em Cartago 29
    O império econômico púnico 31
II. Roma, Cartago e a Primeira Guerra Púnica 36
    Pirro ou o jogo de alianças 37
    A luta pela hegemonia 40
    A campanha de Régulo 45
III. Amílcar Barca em Cena 47
    A guerra contra os mercenários 49
IV. Os Barca e a Conquista da Ibéria 53
    Nova Cartago, novo ponto de partida 59
    Aníbal chefe 63
    A crise de Sagunto 66
V. Aníbal e a Campanha Italiana 74
    A travessia dos Alpes 76
    De Tesino a Trasimeno 79
    Um ditador contra Aníbal 85
VI. Canas: os Exércitos em Batalha 93
    O exército púnico 101
    As armadas 105

VII. A Batalha de Canas 108
    Preparativos e escaramuças 110
    A batalha 113
VIII. Às Portas de Roma 118
    Consequências de Canas 121
    Uma aliança oportuna 125
    Uma nova frente: Sardenha 127
IX. O Império Contra-ataca 128
    Hannibal ad portas! 130
X. A Guerra na Hispânia 134
    Ilipa, o último degrau 143
XI. O Princípio do Fim 150
    A batalha do Metauro 151
XII. Derrota na África 154
    Prelúdio africano 156
    O regresso de Aníbal 157
    A batalha de Zama 159
    A paz romana 162
XIII. O Fim de Aníbal 164
XIV. O Último Castigo 167
    As andanças de Massinisa 169
    Catão, o destruidor 172
    A destruição de Cartago 174
Conclusões 179
    Aníbal estadista? 180
    Um estrategista exemplar 183
Cronologia do Início da Primeira Guerra Púnica
até a Morte de Aníbal 192
Anexos. Retrato da Família Barca, segundo Cornelio Nepote 195
Resenhas Biográficas 202
Bibliografia 206

Introdução

Poucas vezes um indivíduo foi tão protagonista no desenvolvimento histórico como Aníbal, o notável general. Filho pródigo da próspera Cartago, soube engrandecer-se com sua oposição coerente à orgulhosa e imperial Roma, colocando em xeque exércitos e políticos como nenhum outro militar havia feito em seu tempo. Personagem excluído da Antiguidade clássica, em torno de Aníbal têm-se tecido desde então os relatos mais diversos. Muitas vezes separado do contexto político e cultural no qual esteve envolvido, sua figura cresceu graças a atos audazes, muitos deles superdimensionados, atingindo a categoria de lenda.

Em termos gerais, são dois os pontos de vista mais difundidos sobre o general cartaginês.

Por um lado, ele é considerado o estandarte de um mandato familiar antirromano, criado após a derrota de Cartago, na chamada Primeira Guerra Púnica (264-241 a.C.), aquela que colocou os exércitos cartagineses ante legiões de Roma, quando se disputou, pela primeira vez, a supremacia sobre o Mediterrâneo, a grande via que permitia estender a influência política e econômica dos povos costeiros. Naquela época, sustentando essa linha de argumento, foi Amílcar Barca, pai de Aníbal e general dos vencidos, quem transmitiu a seu filho pequeno um rancor visceral contra o Império que colocou de joelhos os exércitos e políticos cartagineses.

Segundo a tradição, Aníbal jurou diante de seu pai e de seus deuses odiar Roma para sempre e, desde então, nasceu a missão de fazer seus inimigos declarados pagarem por cada um dos pesares que infligiram a seu povo. Cornelio Nepote, uma das fontes clássicas essenciais do período, em sua obra *Vidas*, transcreve um suposto diálogo entre Aníbal e o rei Antíoco, no qual o primeiro dissera decidido:

"Meu pai Amílcar, quando eu era apenas um menino de 9 anos, ao sair de Cartago rumo à Hispânia, sacrificou várias vítimas a Júpiter Magnífico Supremo. Foi então que me perguntou se eu queria acompanhá-lo na guerra. Eu lhe respondi que sim, que o faria com gosto, e meu pai me respondeu: 'Muito bem, virás comigo se me jurares o que te peço'. Então me levou ao altar de sacrifícios e ordenou que nos deixassem a sós. Depois de colocar a mão sobre si, fez-me jurar que jamais firmaria paz com Roma. Esse juramento tenho conservado desde então, e ninguém pode duvidar de que continuarei a cumpri-lo no futuro".

O mito de um Aníbal vingador encontrou aí sua pedra fundamental.

Por outro lado, a persistente oposição ao Império Romano que Aníbal exerceu deu argumentos suficientes para apresentá-lo como uma figura justiceira e, inclusive, como o braço executor de uma equanimidade "nacional" em uma região agitada por crises políticas e econômicas contínuas que, invariavelmente, eram resolvidas no terreno militar. De fato, credita-se a Aníbal certa missão "igualitária" justificada por sua suposta frase: *"Nunca odiei Roma. Todos têm os mesmos direitos: Siracusa, Roma, Atenas... Mas Roma só reconhece a si mesma".*

Dessa maneira, Aníbal se transformou em um campeão na luta contra o atropelo e a impunidade romana, e suas campanhas militares contra a Loba resultaram em algo como uma resposta, tão necessária quanto forçada, diante da sede imperial dos latinos. O historiador Eduard Meyer, por exemplo, chega a explicar a guerra de Aníbal contra Roma como *"uma guerra pela independência dos povos e dos Estados"*, cujo sentido final seria a *"manutenção do sistema político existente até então".*

Sendo assim, apresso-me em sublinhar que, se o argumento do compromisso de ódio e vingança é frágil, de certa forma, exclui como determinante a historicidade dos acontecimentos, não menos frágil é o argumento que o aponta como um estadista respeitoso das soberanias dos povos nas regiões disputadas. Basta lançar um olhar sobre a invasão e a conquista púnica na África, Itália, Hispânia e na Gália para descartar plenamente esse argumento, pois cabe perguntar-se de modo legítimo o que aconteceu com os direitos dos povos conquistados e dominados pelo próprio Aníbal.

De qualquer maneira, e apesar de suas diferenças, ambos os pontos de vista explicativos do "fenômeno" Aníbal se casam com um mesmo ponto de vista sobre sua capacidade militar, geradora de acontecimentos triunfais de genialidade estratégica reconhecida, apesar de contar, quase sempre, com menos recursos que seu inimigo furioso. No calor desses acontecimentos, sua figura e liderança cresceram para que fosse comparado apenas a Alexandre Magno e Napoleão Bonaparte.

Talvez o último fator seja o que mais contribuiu para gerar no imaginário popular um Aníbal luminoso, único, capaz de questionar e, ainda mais, precipitar a iniciativa contra uma Roma voraz, de arcas cheias de ouro e prata, custodiadas pelas legiões mais efetivas.

Agora, na verdade, quem foi Aníbal? Por acaso um símbolo de rebeldia? Um caudilho de um Império em disputa? O braço executor de um mandato familiar? O estrategista político e militar brilhante?

Com certeza, a vida privada de Aníbal não esteve à margem de suas decisões públicas, assim como tampouco suas escolhas individuais estiveram separadas das que envolveram centenas de milhares de homens e mulheres às margens do Mediterrâneo. Aníbal, então, foi todos esses ao mesmo tempo, sem ser, de modo excludente, nenhum.

Foi político e militar, tão frio e calculista nos campos de batalha quanto generoso e diplomático na busca de aliados. Atuou com o sentimento oriundo de seu legado familiar e representou, sem dúvida, uma opção política de seu povo e seus representantes. Nessa posição, brilhou pela sua audácia e criatividade; acertou e se equivocou; e conheceu os prazeres da vitória e a humilhação da derrota inapelável. Viveu rodeado da admiração dos seus e dos estrangeiros, e morreu traído e solitário. Por mais que, à primeira vista, sua vida pareça um conjunto de paradoxos, nada seria mais incorreto. Pelo contrário, ele foi marcado por escolhas e ações comprometidas com a historicidade de sua vida, em um contexto que não escolheu, mas decidiu modificar para o benefício pessoal e de um coletivo social que depositou nele suas expectativas e anseios mais íntimos.

Quem acredita que Aníbal foi essencialmente um grande militar não está errado, ainda que estaria se não acrescentasse de imediato a suas qualidades a de um político excepcional, tanto por sua racionalidade como pela capacidade de gestão. Fiel representante da cultura fenícia, foi hábil na negociação e soube reconhecer os limites do poder das armas tanto como o valor dos pactos. E poucos compreenderam, como ele, os motivos de um povo para ir à guerra e como incentivá-lo. Tampouco lhe escaparam a atuação e a idiossincrasia de seus inimigos, analisando-os detidamente antes de enfrentá-los e vencê-los em inúmeras oportunidades.

Em termos históricos, pode-se dizer que Aníbal esteve presente em um dos acontecimentos-chave da humanidade, quando se dirimiu a hegemonia de um sistema político e econômico, o do Império Romano, que deixaria sua marca nos séculos seguintes, e cuja influência se prolongaria a partir do Ocidente até o Oriente. De algum modo, não se entendem a força e a dimensão daquele Império – o maior e mais extraordinário da Antiguidade – sem um Aníbal que se atreveu a enfrentá-lo. E até é possível se presumir que, sem esse enfrentamento, talvez Roma não tivesse sido o que foi, pois, na luta contra o genial cartaginês, forjou os sustentáculos que a mantiveram em vigor nos séculos seguintes.

Analisar Aníbal em tal contexto tem seu valor. A historiografia clássica romana e pró-romana, a que mais percorreu sua trajetória ou, pelo menos, a que sobreviveu à passagem do tempo, é uma fonte documental extraordinária, mas seus julgamentos estão viciados por um rancor de igual dimensão ao ódio do cartaginês contra os romanos. Não poderia ser de outra maneira.

Em geral, Apiano, Tito Lívio, Políbio, Cornelio Nepote e Plutarco, citando os mais importantes, não deixam passar a oportunidade de revelar a "trama obscura" que enredava Aníbal – crueldade de "bárbaro", avidez por riquezas, sede de vingança, etc. –, mostrando facetas de sua personalidade de veracidade no mínimo duvidosa. Inclusive, é possível que a hostilidade dos historiadores latinos e pró-romanos para com Aníbal tenha contribuído, de alguma maneira, para configurar o estereótipo – por oposição – ainda mais grandiloquente e heroico, um tipo de nova edição de Davi diante de Golias.

Lamentavelmente pouco se sabe do outro lado, já que os escritos dos historiadores e escribas contratados pelos púnicos, como Sósilo – na ocasião o mestre de Aníbal – e o grego de Sicília, Xileno ou Sileno, por exemplo, nos chegaram em fragmentos, tendo passado antes pelo crivo romano. Ambos acompanharam o general em sua campanha italiana com a pretensão de retratar os acontecimentos em grego, tal como assegura Kienitz; porém, só sobraram citações e traduções latinas de seus trabalhos.

Tampouco são muitos, e menos completos ainda, os registros biográficos de Aníbal, carência que se estende a toda a dinastia Barca, a um grau de não se ter com precisão uma iconografia familiar digna de certeza histórica. Em geral, os retratos que sobreviveram de todos eles foram realizados muito tempo depois, e feitos segundo a imagem de diferentes autores, geralmente com uma elevada cota de idealização.

De fato, e como bom exemplo, existem numerosos retratos de Aníbal com gestos esplendorosos e ar triunfal, sem que se assinale a perda precoce de um de seus olhos em campanha, detalhe que está documentado com fidelidade, e certifica, de forma dramática, os fragores de suas expedições.

Essa imagem idílica foi alimentada de modo especial por suas ações militares e, entre elas, a travessia dos Alpes, que fez com seu exército impressionante, ocupa um lugar privilegiado. O próprio Montesquieu, o célebre autor de *O Espírito das Leis*, escreveu admirado:

"Quando examinamos a multiplicidade de obstáculos acumulados diante de Aníbal e todos eles vencidos por este homem extraordinário, contemplamos o mais belo espetáculo dado pela Antiguidade".

De fato, poucas estratégias militares foram analisadas tão minuciosamente e difundidas tão universalmente como as de Aníbal. Alguns comentaristas sustentam que, até o fim do século XIX, a bibliografia específica sobre a campanha italiana e a travessia dos Alpes era superior a 300 estudos profissionais, cifra que se incrementou ainda mais no período anterior à Grande Guerra de 1914-1918, quando o confronto mundial colocou os Alpes mais uma vez como cenário bélico. Realizada pela primeira vez, efetivamente, por um exército de grande envergadura, a travessia dos Alpes sustenta, como nenhum outro elemento, a imagem mítica do estrategista púnico, revestindo-o de uma heroicidade que, em seu afã de incensar o indivíduo, quase sempre acaba por obstruir a racionalidade e a justeza de seus movimentos. Apesar disso, é lícito questionar os limites de façanhas semelhantes e se perguntar se atravessar uma cadeia montanhosa, a custo de perder quase a terceira parte de suas forças, resulta em si mesmo uma ação exemplar, posto que, em termos práticos, significou um enfraquecimento que, anos depois, redundou em um fracasso político e militar de proporções dramáticas. Uma espécie de Pirro cartaginês.

Dito em outras palavras: o mito dificilmente permite a apropriação humana e histórica real do personagem, mas apenas de seu reflexo idealizado. Nesse sentido, é nosso interesse percorrer outro caminho.

É claro que triunfos militares não faltaram em sua campanha hispânica e italiana, o suficiente para transformá-lo em um estrategista admirável: Trebia, Trasimeno e, sobretudo, Canas podem afirmar isso. Mas nenhum de seus trunfos políticos e bélicos tampouco as táticas empregadas – desde a travessia dos Alpes e a utilização de elefantes, como o reiterado recurso das emboscadas – se veem seriamente avaliados com justiça se o mero marco da individualidade não for ultrapassado.

Nosso olhar sobre Aníbal, então, está determinado pela sua participação em um contexto de tensão coletiva. Aníbal é, com certeza, um produto de época, sob determinada circunstância social e política, que o influiu, decisivamente, e predeterminou suas respostas. Está claro que a História não é uma ciência exata que se possa prever com facilidade matemática. A formação pessoal e espiritual tem um peso ímpar e, em definitivo, também permitiu que Aníbal concretizasse suas realizações singulares.

Aníbal esteve, no momento oportuno, em igualdade com seus adversários. Personificações de projetos históricos e suas forças motrizes, uns e outros, contaram com as ferramentas subjetivas e objetivas que o desenvolvimento de suas respectivas sociedades produziu, e seus sucessos e fracassos muito têm a ver com o processo que afetou as mesmas, ainda que suas aptidões pessoais lhes tenham dado formas e conteúdos singulares.

Herói e mártir para alguns, conquistador ávido e desapiedado para outros, a passagem de Aníbal pelo universo histórico e cultural da humanidade continua despertando controvérsias e admirações. Se estas páginas contribuírem para lançar luz sobre elas, nós nos daremos por satisfeitos.

CAPÍTULO I

Cartago, o Berço

Como em boa parte das civilizações antigas, os mitos fundadores também ocupam um lugar privilegiado em Cartago. Diz a lenda que a cidade de Cartago foi fundada por uma mulher chamada Dido, ou, de acordo com a procedência da versão, por Elisa, irmã do rei de Tiro, Pigmaleão. A existência da jovem parece não ter ficado desprovida de avatares. Na verdade, Pigmaleão havia mandado matar o esposo dela, o sacerdote Acerbas, por questões relativas a poder ou dinheiro, já que Acerbas não só era a autoridade religiosa máxima da cidade, mas também o proprietário de uma fortuna imensa em ouro e joias, que o rei cobiçoso desejava para si.

Qualquer que tenha sido o motivo de Pigmaleão, o certo é que o lamentável episódio obrigaria Dido a abandonar os prazeres palacianos para entrar em uma vida de muitas aventuras. De imediato, e sempre de acordo com a tradição mais difundida, após o assassinato de Acerbas, Dido urdiu um plano para fugir de seu cruel e ambicioso irmão. Sua estratégia era audaz. Prometeu, com amor filial forçado, entregar a fortuna em questão ao rei, que deveria, primeiro, ir buscá-la onde se encontrava escondida. Seu irmão concordou encantado, ainda que suspeitasse das verdadeiras intenções que animavam a princesa. Herdeira final de uma dinastia de mercadores marinhos, Dido não tardou em embarcar com um punhado de seguidores, que a acompanharam, para o oeste, com destino a Chipre. Sua intenção era jamais voltar. Diz a lenda que Pigmaleão, receoso dos objetivos de Dido, mandou seguir sua embarcação: se fosse verdade que iriam buscar os tesouros de Acerbas, eles mesmos os tomariam; se já estivessem escondidos na embarcação de Dido, abordariam-na em alto-mar para se apropriar deles.

Acontece que a jovem também havia prognosticado essa possibilidade e tinha previsto o modo de descartar a companhia tão pouco desejada. Foi então que, em plena travessia, Dido ordenou que fossem jogadas bolsas grandes e pesadas pela borda, supostamente contendo o tesouro, motivo pelo qual os perseguidores a deixaram fugir, para se concentrar na recuperação da riqueza. Afinal era a única coisa que lhes interessava. Grande seria sua frustração quando, depois de haver recuperado as cargas lançadas ao mar, comprovaram que elas só possuíam areia.

Imagem da cidade de Cartago em que se veem Dido e Enéas.
Óleo de Claudio de Lorena (1676 – Hamburgo Kunsthalle).

Tendo trapaceado seu irmão e já livre da tocaia, Dido navegou pelas águas meridionais da África, para além do Egito e da Líbia, alcançando enfim as costas da atual Tunísia. Tendo chegado lá e decidida a se estabelecer, solicitou ao monarca uma faixa de terra para fundar uma cidade. O rei local, desconfiado da presença estranha, designou para ela toda a extensão que conseguisse cobrir com o couro de um touro. Pensada como uma burla, a proposta não tardou em se converter em sua própria humilhação. Com efeito, dotada de um intelecto excepcional, a donzela cortou a pele do animal em tiras tão finas que, unidas entre si, traçaram uma linha divisória muito extensa, por trás da qual poderia levantar sua cidadela com liberdade. O humilhador, portanto, acabou humilhado. A astúcia, como alma da futura civilização cartaginesa, lançou, assim, suas raízes mais profundas.

Dido e seus homens não perderam tempo, e começaram a edificar o núcleo original sobre uma escarpa batizada merecidamente de Birsa, ou Byrsa (pele, em púnico), protegida por uma muralha. Ao redor desse centro, estendeu-se a cidade que foi batizada de Qart Hadasht, nome que em língua fenícia significa Nova Cidade. Mais tarde, os gregos a chamaram Karchedon e os romanos, Cartago.

O relato, afinal uma lenda, deixou de qualquer maneira um vestígio de grande verossimilhança no imaginário popular: Cartago foi o fruto da inteligência, a mesma que consolidará um comércio prodigioso, que a projetará como um Império que sobreviverá por séculos. A lenda adicionará outro elemento que irá demarcar o futuro da cidade. Segundo a tradição, o rei, vencido pelo brilhantismo de Dido, pretendeu fazê-la sua esposa. Ela, por sua vez, o rechaçou, preferiu tirar a própria vida, lançando-se às chamas de uma imensa pira, que mandou preparar para a ocasião.

Virgílio, o grande poeta latino, deu um final diferente à saga de Dido, ainda que menos dramático. Segundo escreveu na *Eneida*, o herói troiano Enéas naufragou na costa de Cartago, onde pediu ajuda para seus homens, pelo menos até repararem a embarcação e continuarem viagem. Mas Enéas vinha precedido pela sua fama gloriosa na guerra de Troia, e quando a notícia chegou à corte de Dido, mandaram buscá-lo para que fosse recebido com todas as honras.

Quando a rainha o viu, apaixonou-se perdidamente por ele, e muito depressa seu amor lhe foi correspondido. Tudo parecia em ordem e os prazeres mais doces envolviam o casal, porém, os deuses tinham outros planos para seu herói, e com a inflexibilidade que os caracteriza se meteram mais uma vez na vida dos mortais. Então, Júpiter ordenou a Enéas que seguisse seu caminho e sua missão de levantar um grande Império, superior ao da destruída Troia, e ele partiu ligeiro. Dido, com o coração partido pelo abandono, lançou-se a uma pira funerária.

Não importam as circunstâncias, o certo é que a rainha original de Cartago morreu abraçada às chamas, o mesmo final que teria toda a cidade, séculos mais tarde, pelas mãos dos romanos. O grande paradoxo é que Enéas conseguiu assentar as bases de um Império novo e vasto, apontado, em algumas tradições, como o fundador pioneiro da mesmíssima Roma.

A astúcia, o fogo e Roma, então, constituíram as presenças que marcaram com empenho significativo o surgimento, a existência e o fim de Cartago, cidade que durante séculos constituiu a luz mais brilhante do mundo mediterrâneo antigo.

A Cartago histórica

Em termos históricos, e já distante das margens singulares da lenda e do relato dos mitos, o surgimento de Cartago no mundo mediterrâneo respondeu a fatores sociais e econômicos precisos, de data antiga, cujas raízes remontam ao fim do primeiro milênio antes de Cristo. Nesse período, um movimento migratório importante começou a aumentar, a partir do Oriente Próximo e da Grécia, para o oeste do Mediterrâneo, especialmente em busca de novas fontes produtivas.

Os principais protagonistas desse movimento foram os chamados *phóinikes* [fenícios], indivíduos de diversas origens que, guiados por apetites econômicos, lançaram-se a excursões exploratórias deixando às suas costas os Impérios da Mesopotâmia, o altiplano iraniano, o Egito e as cidades gregas populosas do Egeu e de Ática. Entre os novos migrantes não tardaram a se destacar os semitas de Tiro, a poderosa cidade fenícia. Foram eles que se aventuraram mais além do estreito de Gibraltar, as míticas Colunas de Hércules para os gregos, estabelecendo presença ao longo do Mediterrâneo. Fruto disso foi a fundação de numerosas cidades, entre elas Cartago, que aconteceu entre meados e final do século IX a.C. Alguns historiadores, inclusive, apoiados nas descobertas arqueológicas no local, indicam, com mais exatidão, o ano de 814 a.C. como inaugural da mesma, quase meio século antes da fundação de Roma, sua rival histórica.

Enclave comercial sobre o Mediterrâneo, a cidade ergueu-se a noroeste do Magrebe, em um istmo estratégico com porto natural, que oferecia uma escala ideal para as linhas comerciais fenícias florescentes. Mais tarde, com a queda de Tiro pelas mãos de Nabucodonosor II, Cartago substituiu, por completo, a velha metrópole em importância e se transformou, definitivamente, no centro púnico por excelência.

Durante o século VI a.C., um acontecimento novo trouxe consequências decisivas para o desenvolvimento posterior da pequena cidadela. O assalto a Tiro, encabeçado pelo rei assírio Senaqueribe, em 574 a.C., debilitou consideravelmente a fortaleza dos fenícios, iniciando um processo de decadência militar e comercial de suas cidades principais, agravado pela perda contínua de possessões ultramarinas. Nesse contexto, um grande número de moradores fugiu de Tiro e Sidon, encontrando na longínqua Cartago um refúgio privilegiado onde poderiam reiniciar suas vidas.

Entre os primeiros a chegar se encontravam mercadores enriquecidos, que não tiveram maiores problemas em configurar uma elite nova e influente, que dirigiria os destinos da cidade portuária.

Desde então, o crescimento da cidade foi colossal. A posse das terras se resolveu com rapidez a favor dos novos dirigentes, que deslocaram os colonos originais e os habitantes naturais da região para o interior do continente, submetendo a população negra à escravidão. O tráfico marítimo, tradicional na economia fenícia, exigiu um maior dimensionamento, que não tardou a encontrar limites precisos na própria estrutura portuária original, incapaz de continuar abrigando os volumes de mercadorias cada vez maiores. A insuficiência, no entanto, longe de produzir uma crise paralisante, impulsionou a construção de dois novos portos que, pelas suas qualidades técnicas e capacidade operativa, se transformaram nos mais célebres da Antiguidade.

A imediata construção dos portos colocou, de modo claro, toda a capacidade de Cartago para se estabelecer como potência econômica. Um deles, de uso mercantil, tinha um formato retangular, diferente do outro, de emprego militar exclusivo e de forma circular. Segundo o historiador grego Apiano – uma das principais fontes clássicas –, ambos estavam dispostos de forma sucessiva. O primeiro, com saída para o mar, fechava-se com correntes de ferro e dava acesso ao porto militar que tinha em seu centro uma pequena ilha ocupada por um edifício destinado aos comandos. Segundo ele, além disso, os portos cartagineses tinham a capacidade de abrigar por volta de 200 embarcações, em diques de 6 metros de largura dispostos de forma radial.

Durante muitos anos a descrição dada por Apiano foi considerada pelos pesquisadores e historiadores, no mínimo, exagerada, quando não fantasiosa. A arqueologia moderna, no entanto, concedeu-lhe todos os créditos, sobretudo a partir das escavações realizadas, em primeiro lugar, pelo francês Beulé, há quase um século e, posteriormente, pelo inglês Henry Hurst, na década de 1970. O primeiro encontrou fileiras de blocos de pedra, que indicavam a existência de um cais de uns 1.100 metros, com cerca de 160 diques. Hurst, por sua vez, escavou abaixo das construções romanas posteriores, em Cartago, e encontrou os alicerces de um grande edifício e, saindo dele, em forma de raio, várias fileiras de blocos de pedras retangulares, rastros inequívocos de outros tantos diques, que calculou em torno de 30.

Além da construção de portos tão extraordinários e para evitar ataques de surpresa, os cartagineses rodearam todo o perímetro do istmo com uma muralha fortificada tripla. De tal forma, Cartago contou com os elementos necessários para se erigir em uma potência marinha e comercial hegemônica em todo o Mediterrâneo.

Cartago se expandiu com rapidez. Durante o século VI a.C. havia subjugado as tribos líbias e anexado as antigas colônias fenícias, controlando completamente a costa do norte da África, desde o oceano Atlântico até a fronteira ocidental do Egito. Malta e as ilhas Baleares caíram sob seu domínio também.

Com maior população e uma classe dirigente economicamente poderosa, Cartago só competia com os gregos que, fixados ao sul da península itálica, também disputaram o domínio da Sicília – situada a apenas 160 quilômetros de Cartago – e o mar Tirreno. Para gregos e cartagineses, esses pontos resultaram na chave para impor seu predomínio no Mediterrâneo, por isso não é estranho terem limitado sua disputa ao calor das armas.

Cotbon, o porto militar cartaginês, circunscrito por uma muralha tripla que ocultava o interior da visão do inimigo (Ilustração: Ricardo Ajler).

No ano de 535 a.C., os cartagineses, aliados aos etruscos de Caere, foram derrotados pelas frotas gregas na batalha de Alalia, a leste da Córsega. Mas, apesar de saírem vitoriosos, os gregos tiveram de abandonar essa ilha por causa das grandes baixas que sofreram. Desse modo, os cartagineses puderam ocupar boa parte da Sardenha e da Córsega, assumindo de fato o controle sobre o Tirreno.

O enfrentamento na Sicília, por outro lado, prolongou-se por mais um tempo, principalmente pela resistência das cidades de Siracusa e Agrigento – situadas ao leste e ao sul da ilha – que resistiram à expansão púnica. Até o século V a.C. os cartagineses haviam se estabelecido na metade oeste do território, fixando-se em Panormos e Lilibaeum (Palermo e Marsala).

A sorte militar dos cartagineses na Sicília continuou sendo errática durante muitos anos. Foram derrotados por Gelão, rei de Gela e Siracusa, no ano de 480 a.C., ainda que, posteriormente, o equilíbrio se rompeu em seu favor, sobretudo quando o general Himilcão conseguiu tomar, no ano de 405 a.C., as cidadelas de Agrigento e Gela. A mudança de situação fez com que, por sua vez, Dionísio I, de Siracusa, firmasse a paz e reconhecesse o domínio púnico no restante da ilha. De todos os modos a guerra entre uns e outros continuou por mais um século e meio, quando um novo ator entraria em cena: Roma.

Política e poder em Cartago

Com seus novos portos e muralhas fortificadas, a vida no novo farol do Mediterrâneo seguiu seu próspero curso.

A direção do governo recaía, nas palavras de Pierre Grimal, em seu sistema complexo de assembleias, conselhos e magistraturas dominados por uma oligarquia possuidora da maior parte das terras e concentradora do comércio marítimo.

De qualquer modo, um tipo de grande Senado formado apenas por membros das famílias mais influentes constituía o núcleo de poder. Este Senado encomendava a execução de suas decisões a uma ou duas figuras centrais, designadas sufetes ou shofetes – literalmente "juízes", do hebraico *shofe* –, título que, originalmente, parece ter sido imposto pelos governantes de Tiro. Os shofetes levavam adiante a administração e a promulgação das leis, e para atingirem tal cargo deviam também pertencer às elites da cidade. Segundo Werner Huss:

"Parece, além disso, que as finanças do Estado eram controladas, em definitivo, pelos sufetes, que eram ajudados por um questor. Para a execução de assuntos oficiais – continua Huss –, *os sufetes se serviam das forças policiais, cujos comandos superiores parecem ter sido eles mesmos".*

Por outro lado, eles também eram controlados por uma comissão fiscalizadora formada por 104 membros eleitos pelo Senado. Essa magistratura parece ter tido uma importância notável no esquema político cartaginês – os militares, por exemplo, deviam prestar contas de suas campanhas – e foi criada possivelmente depois do século IV a.C. Seus membros só podiam ser senadores e os cargos eram vitalícios, pelo menos até que o próprio Aníbal, durante o ano de 196 a.C., reformulou seu estatuto, fazendo com que seus membros fossem eleitos a cada ano, sem que pudessem se reeleger para a função.

Outra das instituições fundamentais da antiga Cartago se encontrava dentro do próprio Senado: tratava-se de um tipo de Conselho Sagrado formado por 30 senadores, que Tito Lívio considerava de grande poder para dominar o conjunto do Senado cartaginês. Um séquito de numerosos juízes menores completava o quadro dirigente.

O povo tinha alguma participação ativa na eleição dos shofetes e dos senadores, por meio de uma Assembleia do Povo, cujos membros também tinham o direito de expressar livremente suas opiniões. Além disso, a Assembleia do Povo podia tomar decisões, mas só em caso de ser convocada por shofetes e senadores. Dessa maneira, o poder real era exercido apenas por membros da oligarquia dominante, o que significa, na melhor das possibilidades, uma democracia restrita em seus mais elementares princípios de livre participação. De qualquer maneira, alguns rastros de sociedade democrática devem ter tido sua vigência, uma vez que Aristóteles, por exemplo, referiu-se à existência de uma Constituição que regia os destinos sociais, jurídicos e políticos da cidade. Além disso, em sua obra *A Política*, Aristóteles refere-se à constituição cartaginesa como "justamente célebre", como as da Lacedemônia e Creta. Por seu lado, Políbio estendeu-se um pouco mais no assunto e vale a pena citá-lo de modo mais amplo, porque abrange, a partir de sua ótica, as manobras políticas no Império cartaginês. Políbio afirma:

"No que diz respeito ao Estado cartaginês, parece-me que suas instituições foram, em suas características essenciais, bem concebidas. Tinha reis; o conselho de anciãos de natureza aristocrática dispunha, por outro lado, de determinados poderes e o povo era soberano nas questões que eram de sua incumbência. No conjunto, a divisão de poderes em Cartago se parecia com a que existia em Roma e em Esparta. Mas, na época em que começou a guerra de Aníbal, a Constituição cartaginesa se degradou e a dos romanos demonstrou ser superior a ela. A evolução de todo indivíduo, de toda sociedade e

política, de todo empreendimento humano, está marcada por um período de crescimento, um período de maturidade e um período de decadência. E é no momento da maturidade que se alcança o grau mais alto de eficácia de qualquer ordem. É aí que reside a diferença entre as duas cidades. Os cartagineses conheceram a pujança e o expansionismo algum tempo antes dos romanos e, como consequência, haviam ultrapassado o estágio de apogeu bem na época em que Roma, para a qual não era tão importante seu sistema de governo, encontrava-se em plena força. Em Cartago, a voz do povo se transformou na voz predominante nas deliberações, enquanto em Roma o Senado se encontrava na plenitude de sua autoridade. Entre os cartagineses, era a opinião de um número elevado a que prevalecia; entre os romanos, a da elite dos cidadãos, de forma que a política conduzida por estes últimos era a melhor e puderam, apesar das derrotas esmagadoras, impô-la, por fim, na guerra contra Cartago, graças à sabedoria de suas decisões".

Representação do momento em que Marco Atílio Régulo embarca para Cartago. Na pintura aparecem o cônsul, a nobreza e, atrás, o povo. O sistema de governo cartaginês, assim como o romano ou espartano, baseava-se em um Senado aristocrático.

A diplomacia foi outro dos papéis decisivos exercidos também pela elite governante. O estado das transações comerciais com os mais diversos povos do Mediterrâneo era fundamental; os cartagineses eram hábeis no manejo do protocolo, das línguas e dos costumes de seus vizinhos e eficazes e efetivos nas artes da negociação. Nesse sentido, souberam formar um corpo diplomático de prestígio, por sua capacidade para arranjar alianças proveitosas e negócios que, em sua praticidade, impulsionaram mais ainda as possibilidades expansionistas de Cartago.

Entretanto, assim como era importante a estrutura administrativa e jurídica da cidade, a carreira das armas não parece ter tido uma dimensão de importância similar, pelo menos no início, possivelmente pela pouca preocupação que tinham com seus vizinhos africanos. Com o tempo e, sobretudo, a partir do século VI a.C., consideraram a questão militar com maior atenção, especialmente, segundo Huss:

"Se não se queria aceitar uma redução dos interesses territoriais cartagineses e político-mercantis por obra, de uma parte, dos líbios e, por outro, dos etruscos e, em especial, dos gregos".

Paulatinamente, então, Cartago compreendeu a necessidade de estruturar uma organização militar para apoiar a expansão econômica.

Nesse esquema, a marinha de "guerra" tinha seu lugar privilegiado, fosse como proteção das embarcações mercantis ou dos portos da cidade e, com os séculos, chegou a se converter no pesadelo dos impérios rivais. De fato, durante as guerras púnicas posteriores, Cartago lançaria ao mar uma frota de aproximadamente 350 embarcações grandes com uns 150 mil homens, equiparável, de acordo com Aymar e Auboyer, com a de Atenas dos séculos clássicos. Será também durante os anos de sucessivas operações militares, primeiro contra os gregos e depois contra os romanos, que Cartago introduzirá grandes estrategistas que assombrarão todo o mundo antigo com suas campanhas. De algum modo não é possível explicar os gênios estratégicos das dinastias dos Magônidas e dos Barca sem algum tipo de fermento, iniciado no coração mesmo do expansionismo cartaginês. Tampouco a força militar terrestre dos púnicos era pequena e, em termos gerais, operava além dos limites da cidade e, principalmente, nos extensos territórios ultramarinos onde sua influência chegava. Os dados disponíveis nos levam, no fim das contas, ao período do confronto com os romanos. Aníbal, por exemplo, contou com uma formação aproximada de 120 mil soldados e realizou sua fantástica travessia dos Alpes com quase metade deles. Justamente por operar em territórios longínquos e obrigado a marchas permanentes e extensas, o exército cartaginês careceu de uma quantidade significativa de maquinaria de guerra, como catapultas e aríetes, ainda que tenha contado, durante o comando de Aníbal, com a presença inestimável de elefantes, possivelmente de origem hindu, mesmo que sua utilização e eficácia tenham sido superdimensionadas pelo imaginário popular.

Mais notória parece ter sido a utilização conveniente de recursos humanos originários das regiões conquistadas. Sobretudo a partir do momento em que o Império adquire dimensões continentais na Europa, Cartago impõe um tipo de serviço militar obrigatório e uma contribuição em tropas auxiliares que lhe serão de suma utilidade, por exemplo, nas campanhas italianas. De qualquer maneira, isso implicou para o exército cartaginês uma complicação extra, uma vez que o comando não homogêneo das tropas constituiu, em algumas ocasiões, um problema que nem o gênio estratégico de Aníbal pôde resolver por completo. Não foi o único inconveniente que o exército teve de enfrentar. Empenhado em terras longínquas, o abastecimento e o financiamento do exército implicou esforços renovados que, embora tenham sido, de maneira geral, satisfatórios, exigiram um desgaste impressionante. Mais adiante nos ocuparemos detidamente do exército púnico.

As possibilidades de um desenvolvimento autônomo da casta militar, que perseguia interesses particulares e próprios, parecem ter sido também uma preocupação dos setores dominantes, ainda que os indícios de ações conspiratórias sejam relativamente pequenos em relação à quantidade de séculos que o Império sobreviveu. É possível que a falta de desenvolvimento dos militares como casta, com interesses próprios, tenha sido o resultado de uma condição dupla que pairou sobre os generais cartagineses. Por um lado, tinham excelentes relações com a elite governante ou eram diretamente parte dela, como no caso dos Magônidas e dos Barca. Por outro, os dirigentes políticos de Cartago instituíram as ações do Tribunal dos Cento e Quatro, diante do qual os militares deviam prestar contas sagradas de seus sucessos e fracassos e cujas sentenças morais podiam engrandecer um sobrenome ou sumir com ele, com as acusações mais vergonhosas e a morte. De fato há registros de alguns generais que acabaram executados ou por imperícia profissional comprovada ou por suspeitas de aspirar ao poder. Quaisquer que tenham sido os motivos, o certo é que a elite dirigente tinha como objetivo impedir que os militares tivessem uma influência própria desmedida e, sobretudo, incontrolável. Nesse sentido, a figura de Aníbal será um espinho nos interesses tradicionais do Senado púnico.

A sociedade cartaginesa

O poder em Cartago era exercido, fundamentalmente, pelos representantes das grandes fortunas e dos interesses econômicos. De alguma maneira, essa classe proprietária e rica constituía a realeza local. Diógenes Laércio considerava a realeza como "ajustada às leis" e, nesse ponto, apontava a diferença notória entre cartagineses e macedônios, pois, nesse Estado, primava a "realeza fundada no sangue". Seguindo esse raciocínio, Huss sintetiza:

"Em Cartago não é o nascimento real, mas o compromisso pessoal, dentro do espaço da Constituição, que abre caminho para a realeza – um compromisso inimaginável sem a posse e a garantia de uma fortuna considerável".

Porém, por sua vez, o governo político e econômico de Cartago estava seriamente dividido de acordo com seus interesses particulares, ou seja, conforme a origem de suas riquezas: o comércio, por um lado; a produção agrícola, por outro. Montesquieu faz uma síntese exemplar da situação imperante na época do confronto contra Roma:

"Das facções que reinavam em Cartago – escreve – uma queria sempre a paz, outra, sempre a guerra; era, então, impossível usufruir de uma ou fazer a outra em boas condições".

E conclui:

"Enquanto, em Roma, a guerra servia para reunir todos os interesses, em Cartago os separava mais e mais".

Em seu retrato lúcido das diferenças entre esses dois inimigos implacáveis, Montesquieu traça as linhas diferenciais de um governo e outro:

"Cartago que, com sua opulência, lutava contra a pobreza romana, tinha uma desvantagem por isso: o ouro e a prata são consumidos; a virtude, a constância, a força e a pobreza não se esgotam jamais. Os romanos eram ambiciosos por orgulho; os cartagineses, por avareza; uns queriam mandar; outros, adquirir; estes, calculando sem parar as perdas e os ganhos, faziam a guerra, mas não a amavam".

A população de Cartago

Lamentavelmente não são muitos os dados que se têm da situação da população cartaginesa, ainda que diversas fontes nos aproximem um pouco de seu cotidiano. Segundo algumas estimativas, durante o século VI a.C., a população somava entre 200 e 300 mil habitantes. Estrabão, por seu lado, estima que, pouco antes do desaparecimento de Cartago, sua população oscilava em torno de 700 mil habitantes. Embora esta última cifra pareça exagerada, sobretudo em um período pós-bélico, temos de levar em conta a alta migração que a cidade recebia, a partir de numerosas populações vizinhas, inclusive dos gregos da Sicília. Mais vagos ainda são os dados que Kienitz fornece, que sustentam que na "grande cidade antiga de Cartago" habitavam umas 120 mil pessoas, embora advirta que o cálculo se reveste de "pouca segurança". De qualquer maneira, mais além das várias estimativas, sabe-se com certeza que, pelo menos desde o século VI a.C., Cartago era uma cidade populosa.

Interior de um palácio cartaginês onde se ressalta a presença de uma grande piscina. A nobreza vivia em mansões confortáveis que não deviam nada às romanas.

De acordo com Huss, a sociedade cartaginesa estava dividida em duas camadas, uma superior – proprietários ricos – e uma inferior

– lavradores, pescadores, operários navais, transportadores, marinheiros, etc., que:

"... não estiveram rigorosamente separadas uma da outra, mas a ascensão da camada inferior à superior só poderia ser alcançada por poucos".

Também havia uma população escrava importante, formada, em especial, por prisioneiros capturados nas expedições militares no norte da África, Sicília e Sardenha. Em geral, os escravos podiam pertencer tanto ao Estado quanto a particulares e eram empregados em diversas tarefas domésticas, manufatureiras, rurais e como remadores na marinha mercante.

Excluindo os escravos e uma quantidade grande de trabalhadores rurais, a população urbana se distribuía em edifícios, os mais pobres, e em palácios soberbos, com jardim e piscina, os mais ricos. Também abundavam os templos e os banhos públicos. Vale a pena citar, por extenso, uma passagem de *Salambô*, romance de Gustave Flaubert, tendo em conta que, para a composição de sua obra, ele leu e respeitou numerosas fontes clássicas. Diz o genial escritor:

"Por trás, a cidade estendia em anfiteatro suas casas altas de forma cúbica. Eram de pedra, de tábuas, de calhaus, de juncos, de conchas e barro pisado. Os bosques dos templos formavam como que lagos esverdeados nessa montanha de blocos, pintados de diversas cores. As praças públicas eram niveladas a distâncias desiguais; inúmeras ruelas se entrecruzavam, cortando-a de um extremo a outro. Distinguiam-se os recantos de três velhos bairros, agora misturados, destacando-se aqui e ali como grandes obstáculos, em que se alargavam enormes fachadas, meio cobertas de flores, enegrecidas, muito manchadas pelos detritos jogados, as ruas passando por suas amplas aberturas como rios sob pontes... O azul do mar, destacando-se no fundo das ruas, fazia com que estas parecessem, por efeito de perspectiva, mais escarpadas".

Em geral, a paisagem urbana da Cartago antiga denotava forte influência helenística, com ruas traçadas de forma regular e quarteirões perfeitamente delimitados, onde abundavam a drenagem de água, sistemas de esgoto, escadas e até setores pavimentados.

Da vida cotidiana do povo restam poucos testemunhos, fornecidos, em especial, por historiadores e escribas romanos que, por causa da rivalidade histórica entre as duas cidades, resultam, em geral, hostis em seus juízos. Sabemos que a língua e os traços dos cartagineses não ocultavam sua origem semita. De pele escura, em geral, tinham longas barbas sem bigode e gostavam de usar turbantes. Os mais pobres, que provavelmente procediam de misturas com a população nativa, e que, portanto, tinham a pele mais escura, vestiam um tipo de camisão largo que chegava até os pés. O calçado, para todos, era a sandália. As pessoas mais ricas, por outro lado, usavam trajes elegantes, belamente adornados. Entre as mulheres, habitualmente confinadas em suas casas, abundavam os véus e só as que alcançavam alguma posição dentro da carreira sacerdotal podiam usar vestidos vistosos.

Os escribas, literatos e historiadores romanos pintaram o povo com certo ar depreciativo e fanfarrão. Para Políbio, por exemplo, o cartaginês era um indivíduo essencialmente aproveitador. Plutarco não foi menos crítico:

"Seu caráter é triste e sombrio, são servis com os magistrados e duros com seus súditos; sem moderação diante dos perigos, deixam-se arrebatar pela cólera sem medida, obstinam-se, quando decidem alguma coisa e rechaçam, de forma desumana, tudo o que encanta, tudo o que é belo".

Ambos também coincidem ao caracterizá-los como grandes beberrões e comensais insaciáveis, sempre bem dispostos a passar noites em tabernas se divertindo. Flaubert retrata uma cena de soldados em Cartago onde abundava a carne de:

"... antílopes com seus chifres, pavões com suas plumas, carneiros inteiros guisados com vinho doce, patas de camelo e de búfalo – entre outras delícias com as quais se fartavam – nessa atitude pacífica dos leões quando despedaçam suas presas".

Entretanto, essas características não eram as únicas e até parecem opostas às sugeridas por outros relatos dos próprios romanos. De fato, a vida cultural, artística e espiritual dos cartagineses joga alguma luz a respeito.

Cultura e religiosidade em Cartago

Que os cartagineses não se distinguiam por seus hábitos gastronômicos como atividade exclusiva, é um dado comprovado, apesar dos escribas pró-romanos da época. Sabe-se, por exemplo, que quando Escipião o Menor arrasou a cidade, encontrou muitas bibliotecas, dado que sugere certa vida e riqueza cultural. Huss aponta a respeito:

"... não há nenhuma dúvida de que existiu uma extensa literatura púnica. Isso se infere – continua o autor – da observação de Plínio o Velho, segundo quem o Senado romano, depois da ruína da cidade,

presenteou os 'dinastas da África' com os estoques das bibliotecas cartaginesas que, provavelmente, estavam guardadas nos templos".

Na verdade, nada disso é estranho tendo em conta que os fenícios inventaram a escrita alfabética, ainda que, como é sabido, não se tenham recuperado textos na língua cartaginesa original. De fato, do famoso Périplo de Hannon e dos escritos sobre agricultura de Magon apenas restaram suas versões gregas e latinas.

De qualquer maneira, alguns indícios dão por estabelecido que, desde muito cedo, existiram narrações mitológicas, assim como também uma literatura historiográfica significativa, visto que o próprio Avieno certifica a presença de "velhos anais púnicos".

A atividade cultural dos antigos cartagineses também pode ser rastreada em sua arquitetura e criações artísticas, ainda que tenham sobrado poucas amostras delas, depois que Roma arrasou a cidade com ímpeto singular.

Os gregos sublinharam a beleza da cidade de Cartago e seus ornamentos, mas os poucos restos arqueológicos descobertos indicam a influência escultórica greco-fenícia.

Talvez onde melhor se possam divisar a arquitetura e a arte cartaginesas seja em sua confluência com o sacro, em que se identificam com a arquitetura da metrópole fenícia, por sua vez influenciada, primeiro, pela arquitetura sagrada egípcia e, em seguida, pelos gregos.

Como é sabido, a espiritualidade dos cartagineses tem relatos abundantes. Herdeiros da cultura e da religiosidade fenícia, tomaram também seus deuses, ainda que com leves mudanças de nome: assim, o Baal-Moloch e Astarte, do Tiro e de Sidom, foram rebatizados Baal-Haman e Tanit. Também renderam culto a Mellcart (literalmente "chave da cidade"), a Ehsmun, o senhor da riqueza e da boa saúde, e – não poderia estar ausente – a Dido, a rainha fundadora. A forma como os cartagineses adoraram seus deuses foi singular, oferecendo a eles sacrifícios de sangue contínuos, com cabras e vacas, especialmente aos deuses menores, e com crianças quando se tratava de Baal-Haman, segundo os relatos de Plutarco, Tertuliano e Diodoro. O sacrifício destes últimos também estava ligado ao fogo, destino final de todos os sacrificados. Os estudos arqueológicos permitiram lançar um pouco mais de luz em tudo isso. Foi descoberto, ao sul da colina Byrsa, um santuário (*tofet*) onde se realizavam sacrifícios humanos. Ali se encontraram grandes quantidades de urnas funerárias de cerâmica que continham restos de crianças recém-nascidas e entre 2 e 4 anos, sacrificadas em cerimônias consagradas a Baal-Haman e Tanit.

Carl Grimberg aponta a existência de uma grande estátua dedicada ao deus Baal, feita em ouro maciço, em um templo cujo teto estava recoberto com placas do mesmo material. Flaubert também descreve, no romance já citado, uma paisagem urbana com numerosos templos luxuosos:

"O de Kamón, em frente dos Sisitas, tinha telhas de ouro; o de Mellcart, à esquerda do de Ehsmun, ostentava em seu teto ramos de coral; o de Tanit, mais adiante, contornava as palmeiras com sua cúpula de cobre; e o templo negro de Moloch estava ao pé das cisternas, ao lado do farol".

Os registros arqueológicos também falam de alguma produção de cerâmica de qualidade, essencialmente utilitária, e de marcada inclinação para a joalheria, naquele tempo uma de suas exportações mais específicas. Isso leva Huss a assinalar que:

"Se não nos enganamos, os artistas cartagineses desenvolveram sua maior maestria no âmbito das artes menores profanas e sacras: na fabricação de moedas, lâmpadas, trabalhos em marfim, objetos de decoração, selos, pingentes, amuletos, estojos para amuletos, as chamadas navalhas para barbear, cascas de ovos de avestruz pintadas e outras coisas".

Também foram descobertos trabalhos em terracota, em geral estatuetas cilíndricas, bem simples, ocasionalmente decoradas com pinturas.

O império econômico púnico

O poderio de Cartago tinha uma base essencial em sua prodigiosa economia mercantil. Em suas origens, esse desenvolvimento foi relativamente dependente das relações com Tartessos e outras cidades da península ibérica, de onde obtinham grandes quantidades de prata e estanho, essenciais para a fabricação do bronze, o metal mais apreciado por quase todas as civilizações contemporâneas. As rotas comerciais que, desde o início, transitaram, haviam sido herdadas de Tiro, embora logo as projetassem para o noroeste da Hispânia, as ilhas britânicas – onde, em meados do século V a.C., chegou a expedição de Himilcon – e, inclusive, até o Senegal, na costa atlântica africana, de onde se abasteceram de metais preciosos como o ouro.

Nenhuma outra civilização dominava a arte da navegação como eles. Isso que Giancarlo Susini define como um "autêntico sentido do mar", quer dizer, a capacidade para reconverter o enigmático e incomensurável mar na fonte primordial de sua riqueza e sua segurança. Nesse sentido, a perícia marinheira dos púnicos era inigualável.

"As naves, os remos, os cordames, as velas – sublinha Susini – *eram tão importantes quanto o vigor dos remadores e a maestria dos pilotos: a isso se devem acrescentar o conhecimento das costas e dos pontos de possível chegada em terra (possibilidade de reabastecimento, madeiras para consertar as naves, fontes nas quais obter água doce...) e a capacidade de traduzir as noções marinhas em perfis cartográficos, em roteiros".*

As embarcações púnicas eram arredondadas, quer dizer, largas e de grande capacidade, dotadas de remos e de uma grande vela retangular, sustentada pelo mastro principal. Em algumas se distinguia uma proa levantada e belamente enfeitada com a figura de uma cabeça de cavalo, daí os gregos as chamarem de *hippos*. Em geral, as embarcações comerciais eram zelosamente custodiadas por embarcações de guerra, entre as quais se destacava o chamado "trirreme", que possuía 30 remos dispostos ao longo de ambos os lados da embarcação e dois esporões de proa. Logo, foi mais desenvolvida e dotada de 50 remos – "as quinquerremes" –, cuja velocidade era muito superior. Romanos e gregos não tardaram, por sua vez, em incorporar esse tipo de nave à sua marinha. Voltaremos a isso.

O fato mesmo de que as embarcações cartaginesas sob o comando de Hannon tenham percorrido a costa atlântica da África até onde os pesquisadores situam o rio Senegal, é um acontecimento único, tanto por sua envergadura quanto por sua organização coordenada. Essa peripécia se conhece, em detalhes, a partir do descobrimento do único texto cartaginês que sobreviveu até esta data, o diário de navegação do próprio Hannon, um testemunho inigualável retratando essa relação particular entre os cartagineses e o mar. Hannon empreendeu seu percurso com 60 barcos transportando aproximadamente 30 mil homens e mulheres. Durante sua viagem, fundou sete colônias, o que dá conta da dimensão exploratória e colonizadora de sua empresa, sendo Cerne a mais longínqua delas. Posteriormente, avançou até um grande rio onde abundavam hipopótamos e crocodilos.

Explorações desse tipo foram frequentes; Kienitz assinala que chegaram às ilhas Canárias, Açores e às "Ilhas Casitérides", na costa ocidental da Bretanha, para logo seguir rumo à Inglaterra e Irlanda. A certeza, pois, de que os cartagineses exploraram seu domínio marítimo atrás de novas rotas de acesso e do descobrimento de lugares onde pudessem obter matérias-primas – e, por outro lado, abrir mercados para suas exportações – é um fato indiscutível.

As expedições cartaginesas não impediam o exercício do comércio; pelo contrário, intensificavam-no. O mesmo Heródoto proporciona uma descrição sem igual sobre as práticas desse tipo, cuja modalidade impressiona por sua disciplina e ordenamento:

"Os cartagineses – descreve o historiador grego – desembarcam suas mercadorias na praia para expô-las. Voltam aos barcos e fazem... fumaça para avisar os nativos. Esses, ao ver a fumaça, se aproximam

Moedas cartaginesas com a imagem de um cavaleiro númida e uma águia pescadora africana. Síntese do negócio e da guerra, os pilares fundamentais da economia cartaginesa.

do mar e colocam ao lado das mercadorias o ouro que oferecem para a troca, e logo se retiram. Os cartagineses voltam a descer a terra e olham o que deixaram. Se lhes convém, recolhem o ouro e se vão. Se não, voltam a subir ao barco à espera de que os nativos melhorem a sua oferta".

O potencial comercial dos púnicos era muito variado, ainda que seja evidente que se inclinaram por mercadorias de utilidade geral, o que garantia sua demanda: telas, vasilhas, roupa de cama, cerâmica, joalheria e cristaleria simples e econômica. Também comercializavam animais selvagens que capturavam nas florestas africanas vizinhas, frutas, nozes, marfim e madeiras. Por outro lado, a venda de metais, especialmente o estanho, a prata e o ouro, proporcionou-lhes quantidade considerável de clientes e, é claro, de riquezas. Todas essas mercadorias eram transportadas rápida e cuidadosamente, desde a Grécia até a península Ibérica, sendo distribuídas em ambas as margens do Mediterrâneo. Além disso, outros comerciantes cartagineses percorriam por terra outros itinerários, buscando especiarias, matérias-primas e manufaturados para levar para sua cidade e eventualmente embarcá-los para povos vizinhos, sempre ávidos por novidades. Se em suas viagens os descobrimentos mereciam uma expedição maior, o governo cartaginês se encarregava de financiá-la e colocá-la em marcha. O comércio, pois, foi a fonte inicial e principal de suas riquezas, sendo seus clientes mais importantes tanto os habitantes das regiões conquistadas quanto seus próprios conterrâneos, colonizadores de variados pontos do Mediterrâneo.

Mas o fato de o comércio ter sido, efetivamente, a fonte substancial de riquezas de Cartago, não significa que tenha sido a única, uma noção generalizada que, de alguma maneira, impede uma avaliação melhor de um povo cujas habilidades eram maiores. De fato, a exploração mineral e agropecuária não lhes foi desconhecida e contribuiu de forma significativa tanto no desenvolvimento econômico púnico quanto na geração de uma consciência de suas potencialidades como Império, elemento essencial na formação de um governo capaz de conquistar boa parte da Europa.

Os cartagineses reduziram à escravidão setores importantes da população nativa da África, a quem condenaram a produzir nas minas de ouro e a organizar uma exploração rural e arbórea intensiva. Os marinheiros com experiência, então, não tardaram a incorporar uma organização extrativa eficiente e as artes helenas da agricultura, incentivados, sem dúvida, pelas jazidas quase virgens e os solos férteis que foram descobrindo e ocupando, tanto no velho mapa europeu quanto no do continente negro. É especialmente notório o testemunho dado por Diodoro, escrito nos tempos em que a dinastia siciliana de Agatocles incursionou pela África com o objetivo de neutralizar o poderio cartaginês. Diodoro descreve o quadro que seus expedicionários encontraram em terras sob influência cartaginesa: campos perfeitamente organizados em que se destacavam, sempre, segundo seu relato:

"... hortas e vegetais de todos os tipos, cortados por riachos numerosos e canais de irrigação que regavam as partes menores. Sem

nenhuma descontinuidade – continua – *viam-se as casas de campo magníficas, caiadas e construídas com esmero. Por seu aspecto indicavam a riqueza de seus proprietários... A terra estava coberta de vinhedos, de oliveiras e de outras árvores frutíferas. De ambos os lados da planície* – conclui admirado – *pastavam rebanhos de bois e de ovelhas. Nos terrenos mais embaixo se viam os cavalos. Em resumo, nesses lugares se revelava uma abundância de bens de todo tipo".*

Fosse fruto de sua observação direta – que alguns historiadores põem em dúvida – ou de um comentário recebido, o certo é que a minúcia com a qual nos fala sobre as produções cartaginesas transcende a ideia vulgarizada do exclusivo exercício da compra e venda. Por outro lado, está documentado de forma irrefutável que um dos maiores agrônomos antigos foi o cartaginês Magon – provavelmente entre fins do século IV e III a.C.–, cujo texto sobre horticultura em 28 capítulos surpreendeu a todos, chegando a se transformar em uma peça fundamental para os agricultores romanos e gregos. O desenvolvimento agrário de Cartago, pois, foi de suma importância e, longe de se caracterizar como uma exploração de subsistência – como foi a romana durante muito tempo, por exemplo –, tinha como finalidade "capitalista" – segundo a expressão de Grimal – "proporcionar o maior ganho possível ao proprietário". Como consequência, e sempre segundo o mesmo historiador, "a agricultura cartaginesa era uma das mais 'científicas' do mundo".

O auge comercial de Cartago, especialmente a partir da metade do século IV a.C., foi acompanhado também por um rápido desenvolvimento monetário, evidente a partir da aparição das primeiras moedas cunhadas de bronze, de prata e de ouro, ainda que, é claro, mostrou certo atraso em relação à Grécia, onde a moeda já circulava havia bastante tempo.

Organizada política, administrativa e juridicamente, possuidora de forte estrutura militar e naval e com suas arcas abarrotadas pelas empresas comerciais e produtivas de sucesso, Cartago erigiu-se como cidade próspera que não deixava de se estender para o interior do continente. Entre os séculos IV e II a.C., já havia se constituído em uma cidade-estado de poder indiscutível. Não é estranho que, nesse contexto, surgisse uma dinastia, a dos Barca, chamada para engrandecer sua própria história. Aníbal será sua pérola mais valiosa.

ROMA, CARTAGO E A PRIMEIRA GUERRA PÚNICA

CAPÍTULO II

Durante todo o processo em que Cartago foi se transformando em um império econômico e militar predominante no Mediterrâneo, na península itálica vizinha um novo personagem, com desejos de dominação, seguiu um curso expansionista similar. Paciente, mas com persistência, Roma havia estendido seu poder por quase todo o mapa da Itália, desde o Rubicão até o extremo sul, reduzindo diversos povos e tribos, como os gauleses e os samnitas. O poder de Roma havia se consolidado graças a uma complexa e extensa rede de colônias militares, aglutinadas de forma férrea em virtude da unidade linguística e de uma mesma atividade econômica, baseada principalmente na exploração agrária. As antigas fronteiras naturais entre as diversas tribos não tardaram a desaparecer e, por fim, a unidade política de um estado nacional romano foi fixada. A partir do ano 338 a.C., a fundação de colônias se estendeu rapidamente pela península, em lugares estratégicos por sua localização e recursos, como Cales (334 a.C.) e Suessa (213 a.C.), na Campânia; Venusia e Luceria, em Apúlia (300 a.C. - 290 a.C.); Brundisium (244 a.C.), em território mesápio; Hadria (290 a.C.), no Piceno; e Pestum (273 a.C.), sobre a margem tirrena. Além disso, as necessidades de defesa do litoral foram cobertas com a criação de guarnições costeiras, como Castrum Novum (289 a.C.) e Sena Gallica (283 a.C.), sobre o mar Adriático; e Tarracina (327 a.C.), Minturna (299 a.C.) e Alsium (245 a.C.), sobre o mar Tirreno.

Desde o século V a.C. a fundação de colônias foi parte da política de guerra romana de ocupação, pois, à medida que aumentava seu território, à custa dos vencidos, automaticamente as colônias eram estabelecidas nos territórios anexados. Isso foi fundamental não só para o controle dos novos territórios, mas também para o armazenamento de mantimentos e apetrechos, o que demonstra um alto nível de previsão por parte do governo senatorial. Portanto, a política de construção de "vias" que unia Roma às suas colônias tinha uma missão estratégica e logística, já que, durante as campanhas da unificação italiana, as legiões se deslocavam por linhas interiores, utilizando esses caminhos, e apoiavam-se na intrincada rede de pequenas fortalezas que formavam as colônias. Nelas, de vez em quando, as legiões podiam encontrar tudo de que precisassem: refúgio, provisões e armas.

Pirro ou o jogo de alianças

No ano 280 a.C., Roma teve de enfrentar um inimigo de peso, cujas intenções questionavam sua política expansionista. Pirro, rei do pequeno estado grego de Épiro e membro da família do próprio Alexandre Magno, desembarcou no sul da Itália para dar auxílio à colônia grega de Tarento, banhada pelas águas do mar Jônico. Precedido por sua fama de guerreiro e estrategista, Pirro marchou à frente de uma força de 25 mil homens muito bem preparados nas artes da guerra. Sua intenção, na verdade, transcendia a solidariedade à colônia grega e, após ter fracassado na conquista da Macedônia, Pirro desejava encabeçar um Império grego que se estendesse por ambas as margens do mar Adriático, para isso precisava de uma cabeceira no sul da Itália. Um pacto estabelecido previamente com Tarento lhe deu a oportunidade ansiada.

A campanha de Pirro na Itália esteve cercada de paradoxos. Brilhante condutor de um exército considerado dos mais eficientes, venceu os romanos em numerosas oportunidades, ainda que a um preço tão alto que, aos poucos, foi debilitando sua posição. Os triunfos imediatos, então, transformaram-se em sua derrota final. Vem daí a tão famosa frase "vitória de Pirro" que faz referência ao êxito com sabor de derrota.

Quando, mais tarde, Pirro avançou sobre o interior da Itália até a Campânia, em busca de solidariedade e acompanhamento dos povos subjugados pelos romanos, encontrou-se com uma realidade que selou a sorte de sua expedição: Roma havia estabelecido fortes alianças com as tribos dessa região e da Itália central, as quais não se mostraram dispostas a mudar de dominador. Solitário em sua luta, Pirro não teve mais opção além de voltar. Vencedor nas batalhas e vencido nos objetivos, apressou-se então a oferecer paz aos romanos.

Para Roma a paz era muito conveniente. Pirro e seus exércitos só lhe haviam propiciado derrotas e perdas materiais que afundaram o Estado em uma situação de instabilidade. No entanto, rechaçou a proposta e a guerra continuou. Por que Roma não aproveitou a oportunidade de cancelar a beligerância que só acrescentava ruína a seus cofres? Os historiadores apontaram a vigência de um princípio inquebrantável, fundador da sociedade imperial: não negociar com quem viola seu território. Apesar disso, com certeza, é pouco provável que a política do Senado, inclusive a de seus setores mais belicistas, se

O rei Pirro de Épiro (319-272 a.C.) foi, de todos os líderes gregos, o que mais se assemelhou a Alexandre Magno. Mas não chegou a consolidar seu grande número de conquistas com assentamentos militares que lhe permitissem defender a extensão territorial.
Pirro pretendia encabeçar um Império grego que se estendesse por ambas as margens do mar Adriático, para isso precisava de uma cabeceira no sul da Itália.

fundamentasse só nela. Outros acontecimentos e personagens intervieram para marcar a opção como definitiva.

Com efeito, a projeção do conflito feita pelos romanos dava conta de certo equilíbrio de forças. Pirro vencia as legiões, mas não podia tomar e manter as regiões que atravessava. Seu enfraquecimento se acentuava, uma vez que não podia assentar uma base sólida de abastecimento e recrutamento no continente, o que ficava claro em sua renúncia de avançar sobre Roma, mesmo quando chegou a apenas duas jornadas de marcha dela. A opção de Pirro, pois, estava em se retirar para a ilha da Sicília, e tentar, a partir dali, fortalecer suas aspirações de uma nova invasão à Itália continental em um futuro próximo.

Para os romanos, a retirada de Pirro para a Sicília entranhava novas possibilidades de sucesso. Na ilha existiam várias colônias cartaginesas que, na ocasião, haviam estabelecido um pacto de boa vizinhança com os romanos. Aliados na luta comum contra Pirro, podiam assegurar a vitória definitiva.

As relações cordiais entre os romanos e os cartagineses – salpicadas às vezes por incursões de corsários que envolviam, na verdade, apenas o chefe da nave – remontavam ao século VI a.C., após terem firmado um acordo de conveniência para ambas as partes. Assinado no ano de 508 a.C., o mesmo comprometia os romanos a não avançar além do estreito da Sicília e a não desembarcar na Sardenha e na Córsega – desejadas por Cartago –, a não ser em caso de reabastecimento ou reparo de alguma de suas naves.

A certeza da exclusividade púnica nas ilhas não configurou, naquele momento, um problema de envergadura para os romanos, cujos interesses marítimos eram por demais delimitados. Para os cartagineses, pelo contrário, o pacto era de suma importância, ainda mais com o avanço helênico no mar Egeu e no mar Jônico. A não ingerência romana na Córsega e na Sardenha, então, manteria o equilíbrio: a leste da Sicília, as águas eram de predomínio grego; a oeste da ilha, o Mediterrâneo se estendia como um grande campo azul púnico. Por sua parte, os romanos também tinham sua ganância momentânea: garantiam um estado de não beligerância com os cartagineses ao mesmo tempo em que mantinham guerra com diferentes povos do interior da Itália. Um novo inimigo e frentes de batalha teriam significado, possivelmente, a sua ruína.

Levando em conta este antecedente, os romanos confiavam em que, unidos aos cartagineses, poderiam derrotar definitivamente Pirro. Suas expectativas se fundavam em outro feito não menos importante para o mundo mediterrâneo de então. Após ter conquistado o mar Egeu e o mar Jônico, os helenos começaram a desembarcar nas costas meridionais e sicilianas, onde fundaram colônias que, mais tarde, se transformaram em um verdadeiro Império. Essa incursão grega na Sicília era um obstáculo às pretensões púnicas de submeter a ilha, devendo ficar confinada apenas a uma região da mesma.

No século III a.C., a disputa entre gregos e cartagineses e a de Pirro com os romanos restabeleceu, então, um novo equilíbrio de forças e de alianças. Nesse contexto, romanos e cartagineses pactuaram, mais uma vez, para manter as posições tão arduamente conquistadas.

Sendo assim, Cartago se dispôs também a lutar contra Pirro. Entretanto, para sua decepção não pôde vencê-lo quando este foi para a Sicília, tampouco impediu que ele reunisse sob seu comando todas as colônias gregas existentes na ilha. Mais ainda, a guerra entre gregos e cartagineses se desenrolou com o sucesso inicial dos primeiros em um nível que os segundos se viram encurralados em uma pequena região da Sicília. É possível que, acalentado por esses triunfos iniciais, Pirro, então, decidiu voltar ao continente, onde, desta vez, foi derrotado pelas legiões romanas, no ano de 275 a.C., nas imediações de Benevento. Vencidas suas forças e com suas arcas vazias, Pirro empreendeu a volta à Grécia, onde continuou com sua carreira de conquistador no Peloponeso, libertando-o do jugo macedônio. A tradição diz que uma anciã o matou com sua funda, no ano de 272 a.C., quando travava uma batalha para submeter a cidade de Argos. Assim culminou a marcha de quem quis imitar Alexandre Magno.

A luta pela hegemonia

Quando os romanos terminaram definitivamente com o perigo que representava Pirro, não fizeram mais que estabelecer quem seria seu próximo rival. Dito de outra maneira, as fundações para a colisão com os cartagineses ficaram definitivamente fixadas. Para os romanos, ficava claro que Cartago tinha pretensões no mar Tirreno, fundadas em suas posições na Sardenha, situação que, com certeza, se tornava ameaçadora para Roma. Se fosse acrescentada a localização dos púnicos na Sicília, não era estranho pensar em uma via dupla de acesso ao continente. Nas palavras de Políbio, para os romanos era urgente impedir que os cartagineses *"... construíssem uma ponte que os conduzisse à Itália"*. A partir de então, a disputa pela hegemonia econômica no Mediterrâneo daria lugar a um confronto militar extraordinário entre as duas maiores potências regionais. A guerra, então, era a única saída, e os acontecimentos não tardaram em se precipitar. O gatilho foi um conflito surgido na Sicília, em torno da posse da cidade de Messina.

Eliminado Pirro, na Sicília, ficaram as forças de Cartago, a oeste, e as da Magna Grécia submetidas a Roma. Siracusa possuía o domínio da parte oriental e, ao norte, predominava Messina. A situação dessa cidade era, com certeza, curiosa e, de alguma maneira, havia modificado o mapa político local. Em 289 a.C., um grupo numeroso de mercenários recrutados, em todas as partes da Itália, por Agátocles de Siracusa para combater os cartagineses, descumpriu a ordem de acabar com as hostilidades e assaltou a cidade de Messina; saquearam à vontade, realizaram grandes matanças entre a população e expulsaram os colonos gregos, apoderando-se do lugar. Como corolário de suas ações, tomaram o nome de *mamertinos*, que significa "Filhos de Marte", um apelido desmedido, com certeza, e talvez até matreiro, para um bando de salteadores profissionais.

Durante as duas décadas seguintes, os *mamertinos* não deixaram de acometer distintas incursões contra seus vizinhos, inclusive evitando o estreito que os separava do continente. Por serem mercenários, os *mamertinos* não encontraram inconveniência em atacar cartagineses e romanos, e até o próprio Pirro sofreu seus embates de forma episódica.

Um fenômeno similar aconteceu na cidade de Régio na mesma ocasião. Aparentemente o Senado de Roma teve certa cumplicidade nesta última operação, já que era mais conveniente para ele que a cidade estivesse em mãos de recrutas italianos em vez de gregos. Entretanto, as coisas transformaram-se quando a guerra contra Pirro acabou e as colônias helenísticas da Sicília se irritaram com o poder de Roma. O Senado, então, dispôs-se a castigar os sublevados de Régio, condenando-os à pena de morte, e a devolver a cidade a seus donos legítimos, agora aliados deles.

Quando, em 270 a.C., Régio passou a ser, de novo, dominada pelos gregos, o alarme tocou entre os *mamertinos,* cuja condição era a mesma que a dos sublevados daquela cidade. As coisas ficaram ainda piores quando Siracusa caiu nas mãos do heleno Hierão, proclamado como novo rei. Os *mamertinos* desesperaram-se com seu isolamento e decidiram pedir ajuda. Entre eles existiam duas posições consolidadas. Alguns queriam solicitar a Cartago e outros, a Roma. Os primeiros colocaram a cidade de Messina sob a direção de um púnico;

os segundos, por outro lado, enviaram um embaixador a Roma, para estabelecer um pacto de conveniências mútuas. Inicialmente, não obtiveram o que esperavam do Senado, mas, quando o pedido de ajuda chegou aos ouvidos do povo italiano, segundo a versão de Políbio, as coisas mudaram de figura. Os cidadãos apoiaram os *mamertinos*, e o Senado, por fim, concordou, enviando para a Sicília uma expedição sob o comando do cônsul Ápio Cláudio.

Até onde a posição do povo foi fundamental aos interesses do Senado ou de um setor do mesmo é uma questão fácil de pressupor, já que a manutenção de Messina em mãos cartaginesas era, sem dúvida, o primeiro passo para a conquista púnica de toda a ilha. Pelo menos, se não se tratava de um assunto de resolução imediata, tornava-se inevitável que, mais cedo ou mais tarde, os interesses de Cartago na ilha entrariam em colisão com os de Roma e das colônias gregas, sobretudo pelo domínio marítimo da primeira. Esses elementos tiveram influência em algum segmento da elite – os mais *"clarividentes"*, nas palavras de Grimal – que acabara, enfim, por estabelecer laços com os gregos separando-se de Cartago.

Os dois adversários, então, mobilizaram suas forças.

O poderio que Roma possuía era destacável, sobretudo no aspecto militar, cuja organização começa a se esboçar durante os séculos VI e V a.C., quando se iniciaram as lutas pelo domínio do Lácio. A partir do século IV a.C., sua organização militar se fez mais evidente, com as reformas introduzidas nos campos tático, estratégico e logístico. Seus exércitos contavam, na ocasião, com grande poder de mobilização, que conhecemos graças a Políbio que, provavelmente, obteve a informação de Fábio Pictor, dando-nos a cifra impressionante de 770 mil homens mobilizáveis, ainda que P. Brunt proponha a cifra total de 634 mil homens, dos quais apenas 273 mil seriam romanos. Essa superioridade numérica de reserva permitiria a Roma empreender operações de ultramar na Hispânia, Ilíria ou África, enquanto mantinha o conflito em seu território. Em sua composição integral, o exército de Roma era em sua maioria italiano – entre 55% e 65% de seus soldados – e, para cada legião de cidadãos, havia outra integrada pelos contingentes equivalentes de aliados. Além disso, em 311 a.C., os romanos criaram o cargo de *Duoviri navales* ou chefes de esquadra que, ainda que incipiente, dá uma ideia completa da importância que estava adquirindo o poder naval.

Dessa forma, Ápio Cláudio marchou para libertar o estreito que os separava da Sicília. Vigiado pelos cartagineses, recorreu então à astúcia. Fez circular a notícia de que a situação lhe obrigava a voltar para Roma, para receber ordens e, com efeito, mandou algumas embarcações navegarem rumo ao norte. Tranquilizados, os cartagineses diminuíram a vigilância no estreito. E, na primavera do ano 264 a.C., Ápio aproveitou para desembarcar suas forças – 20 mil homens – um pouco mais ao sul de Messina. Logo tomaram a cidade e aprisionaram o general cartaginês Annón.

Ápio Cláudio entrando no Senado romano. Este cônsul foi um dos homens que dirigiram as operações militares contra Cartago.

Enquanto isso, animados pelo apoio recebido, os *mamertinos* desalojaram os cartagineses da região. A situação criada motivou uma nova reacomodação de forças. Hierão, convencido da possibilidade de incorporar Messina a seu Império siracusano, selou um pacto com os cartagineses, que aguardavam ansiosos, ao redor da cidade. Conhecendo a estratégia de seus adversários, Ápio Cláudio a empreendeu, primeiro contra Hierão, a quem venceu com rapidez, para logo atacar os cartagineses em seu próprio reduto, no cabo Peloro, mantendo-os à distância prudente de Messina. Com tais sucessos em sua conta e confiando que poderia resolver a questão da Sicília com uma única campanha, Ápio Cláudio avançou sobre Siracusa, todavia foi obrigado a se retirar apressadamente diante da resistência oferecida. Em seguida, deixando parte de suas forças de vigia, voltou a Roma para informar e pedir reforços.

Os triunfos obtidos pelos romanos não foram suficientes e a guerra se prolongou além do desejado e do previsto. Em 263 a.C., as legiões conquistaram diferentes cidades sicilianas, gerando uma mudança fundamental em Hierão. Convencido de que não conseguiria nada além de desgastar suas tropas, propôs a paz a Roma, que a aceitou imediatamente. Segundo o acordado, seu reino ficou limitado ao ângulo sudeste da ilha, com uma única concessão em Tauromenio. Mas Cartago não estava disposta a ceder; portanto, não demorou em enviar um novo exército para a ilha, negociando com os gregos uma aliança contra Roma. Os sucessos diplomáticos se sucederam e, em pouco tempo, os cartagineses contavam com a ajuda dos helenos de Agrigento.

Em 262 a.C., os romanos avançaram com grande iniciativa e capturaram a cidade de Agrigento e outras do interior, destruindo e saqueando as novas bases púnicas. É claro que nada disso foi simples. Agrigento, por exemplo, não se rendeu de imediato e, depois de sete meses de sítio, os romanos obrigaram os ocupantes a tentar uma saída desesperada pela fome. Foi o fim da resistência e os sitiados acabaram completamente derrotados. Por outro lado, os cartagineses apelaram para sua melhor e mais preparada maquinaria bélica – a armada –, com a intenção de equilibrar o desastre de Agrigento, devastando as cidades costeiras romanas.

As incursões púnicas, apesar de inquietarem os romanos, não conseguiram detê-los. Pelo contrário, decididos a acabar com o conflito com os cartagineses, começaram a construir uma grande frota que pudesse lhes fazer frente. Definitivamente este era o assunto pendente e se lançaram com toda a perspicácia a ele. No início, os fracassos foram sua única companhia, mas, com o tempo, desenvolveram naves melhores, especializaram os membros da frota e até as dotaram de um instrumento que revolucionou a luta marítima. Com efeito, os romanos construíram os "trinquetes", espécie de passarela que lançavam contra os barcos inimigos para poder abordá-los, iniciando uma típica luta de "terra", na qual os romanos haviam alcançado habilidade altamente favorável. Os trinquetes revolucionaram a guerra marítima e os triunfos romanos não tardariam a chegar. Em 260 a.C., o cônsul Duílio conseguiu, em Milete, na costa oeste da Sicília, a primeira vitória naval de Roma contra Cartago. Vencidos em seu país, os cartagineses se abasteceram em terra, no cabo Drépano, no extremo ocidental. A vitória romana transcendeu sua importância conjuntural e inflamou as expectativas do Senado. De alguma maneira ficava claro para a administração de Roma que se podia ir além.

A campanha de Régulo

O Senado romano compreendeu muito rápido que a luta na Sicília estava empatada e o equilíbrio era tal que dificilmente se obteria uma vitória definitiva na ilha; por isso, decidiram buscar a solução fora dela. A nova carta de triunfo foi, então, invadir os púnicos em sua própria terra. Para isso contavam com um antecedente que lhes dava alguma esperança, como a invasão que Agátocles havia empreendido tempos atrás, que, por muito pouco, não teve sucesso.

Tendo embarcado nesse plano, o Senado romano encomendou à expedição aos cônsules L. Mânlio e Atílio Régulo.

Mânlio e Régulo encontraram muita resistência em seu empreendimento. As forças púnicas procuraram interceptá-los várias vezes, mas um encontro, que aconteceu no litoral de Marsala, precipitou as coisas: os romanos levaram a melhor parte, perdendo 24 naves contra 30 dos cartagineses. Por fim, os romanos desembarcaram no norte da África, no cabo Bon, com 150 mil homens sob o comando de Régulo. A partir dali arrasaram o país, sem encontrar maiores dificuldades, sempre apoiados pelos nativos númidas, que se mostraram felizes de, eles também, poder empreender a guerra contra seu opressor cartaginês. Enquanto isso, Mânlio voltou para Roma, chamado pelo Senado, e Régulo continuou a campanha sozinho. A mesma se prolongou com sucesso, chegando a tomar o território atual da Tunísia e assediando, de tal modo, os seus inimigos, que os cartagineses optaram por pedir a paz. Em tais circunstâncias, Régulo impôs condições tão rigorosas que acabaram sendo inaceitáveis para os púnicos, que as entenderam como pretensão de ser reduzidos ao papel de meros súditos de Roma.

Estando as coisas nesse ponto, os cartagineses reempreenderam a guerra, com novos brios e chefe: Jantipo ou Xantipo, mercenário lacedemônio experiente, que chegou acompanhado de grande contingente de soldados provenientes da Grécia. Pouco tempo passaria até que a incorporação de Jantipo mudasse o curso da guerra.

Com efeito, capacitado na arte do comando e da estratégia e apoiado por uma cavalaria numerosa e uma manada de elefantes que causavam terror nas filas inimigas, Jantipo venceu Régulo em uma batalha decisiva, que aconteceu perto da Tunísia. Do exército romano só se salvaram 2 mil homens – que se protegeram no cabo Bon – e o próprio Régulo foi capturado. Corria o ano de 255 a.C.

A derrota de Régulo não foi o único desastre que inquietou os romanos. Também sua frota, enviada para buscar os sobreviventes, foi destruída por um temporal que a açoitou de tal maneira que, de um total de 464 naves, só sobraram 80. Assim, entre a derrota de Régulo e a ajuda do irascível clima marítimo, Cartago recuperou o controle das águas e desferiu um golpe demolidor em Roma.

A guerra continuou, tomando novos rumos.

As forças de Cartago, já recuperadas e com novos ânimos, saquearam Agrigento no ano de 254 a.C. Os romanos, por sua vez, apoderaram-se de Palermo, uma das cidades e bases navais mais importantes dos púnicos. Talvez o último sucesso tenha sido o que levou os romanos a tentar um novo avanço sobre a África, conseguindo desembarcar e incursionar sobre várias cidades costeiras inimigas. No entanto, mais uma vez, em sua volta, um temporal voltou a dizimar sua frota. Este último fracasso convenceu os romanos a não voltar a tentar, pelo menos de imediato, um novo ataque no continente negro, centrando, a partir daí, todos os seus esforços na ilha da Sicília.

Em 250 a.C., os cartagineses reconheceram sua impossibilidade de vencer os romanos completamente, ainda mais quando fracassaram em sua tentativa de recuperar Palermo, deixando uns 20 mil homens mortos no campo de batalha. Em tais circunstâncias, utilizaram Régulo, a quem mantinham prisioneiro, para fechar uma proposta de paz. Régulo teria a missão de convencer os senadores de tal conveniência, sob o juramento expresso de que, se a proposta não fosse aceita, deveria voltar a Cartago para continuar na qualidade de prisioneiro.

Régulo viajou a Roma, mas para a surpresa dos cartagineses impugnou a proposta de paz púnica e convenceu o Senado, com veemência, a uma posição de continuidade das hostilidades; logo, cumprindo o combinado e demonstrando seu valor individual, e sua honra à palavra empenhada, voltou a Cartago, onde a previsão do pior dos destinos lhe era reservada. De fato, com os cartagineses irritados com a sua atitude desafiante, o cônsul sabia, ou pelo menos podia prever, que sua sorte estava lançada. E não se enganou. Foi novamente detido e submetido a uma tortura atroz, já que lhe foram cortadas as pálpebras para que nunca mais pudesse dormir. Em tais circunstâncias, Régulo acabou morrendo. Conta a tradição que seus filhos, em Roma, vingaram o martírio e assassinato do pai da mesma forma; assim, após aprisionar cartagineses de alta posição, mantiveram-nos acordados até que eles também morreram.

CAPÍTULO III

AMÍLCAR BARCA EM CENA

Então, a guerra continuou com os mesmos reveses alternados para ambos os adversários, mas, dessa vez, surgiu do lado cartaginês um novo personagem: Amílcar Barca, pai de Aníbal e comandante supremo do exército e da armada púnica. Uns e outros tinham vitórias e derrotas quase que na mesma proporção. O equilíbrio não podia ser alterado, em definitivo, ainda que os cartagineses tivessem motivos para se sentir mais satisfeitos com o rumo da guerra. O episódico domínio marítimo conquistado por Roma voltou às mãos cartaginesas e, em terra, as operações eram mais ou menos equânimes no que diz respeito a triunfos e perdas respectivas.

Amílcar Barca foi um chefe eficaz e renovador, tanto pelo moral de combate de seus homens como pelas táticas empregadas. Foi ele quem introduziu no exército púnico a atuação do que logo se popularizou como "comandos" e começou a lançá-los, com efeitos devastadores, até a costa da península, dando aos romanos a impressão de que um grande desembarque se aproximava. O Senado de Roma, temeroso de semelhante rival, não estava em condições de arriscar outra frota contra ele. As levas militares haviam chegado ao limite e as arcas do Tesouro estavam muito debilitadas, a um grau que teve de buscar o auxílio dos cidadãos mais ricos para pagar a construção de uma armada de 200 naves. A nova frota romana foi posta à disposição do cônsul Lutácio Catulo que, no ano de 241 a.C., bloqueou os portos de Drepano e Lilibeo. Os cartagineses mandaram, por sua parte, uma frota muito maior, de 400 unidades, carregada de reforços, armas e provisões. Se conseguissem desembarcar, seria o fim dos romanos na Sicília. Contra as ordens do Senado, que lhe havia proibido iniciativas marítimas, Catulo, embora gravemente ferido, ordenou à sua frota que atacasse e enfrentou a esquadra cartaginesa nas ilhas Egadas, surpreendida em plena tarefa de abastecimento. As naves cartaginesas, desaceleradas pelas cargas que levavam, não conseguiram manobrar com prontidão e 120 delas foram aniquiladas – 50 afundaram e 70 foram capturadas –, enquanto as outras se punham, de novo, rumo a Cartago. Amílcar, então, ficou isolado da pátria-mãe e, apesar de seus sucessos anteriores comprovados, o Senado cartaginês se apressou em solicitar um tratado de paz.

Lutácio Catulo havia aprendido bem com a experiência de Régulo e, longe de se entusiasmar em aprofundar o enfrentamento, acolheu a proposta de paz, inclusive concedendo a Amílcar a honra de conservar as armas e permitir sua retirada com seus homens. As condições finais caberiam exclusivamente aos senadores.

Em Roma, alguns deles – animados pelo sucesso retumbante – censuraram Catulo por tanta indulgência e propuseram retomar as hostilidades até a derrota definitiva do inimigo. Essa proposta não foi adiante entre a maioria da administração política que, de bom grado, aceitou o já acordado e conservou em suas mãos um triunfo notável.

Aníbal Barca demonstrou ter um manejo requintado das estratégias militares. Suas manobras ofensivas modificaram a história militar de forma tão absoluta, que serviu de influência para os generais mais prestigiados do mundo.

Não se enganaram. A derrota dos cartagineses foi coroada com uma paz extremamente vantajosa para Roma, que exigiu como condições o abandono da Sicília, a restituição, sem resgate, dos prisioneiros e o pagamento de 3.200 talentos no curso dos dez anos seguintes. Eram condições duríssimas, mas, em termos concretos, realizáveis, por isso Cartago se apressou em aceitá-las.

Os dois adversários saíram dessa guerra maltratados, mas as consequências foram mais graves para Cartago do que para Roma. Aquela não só teve de ceder toda a Sicília, comprometer-se a pagar uma indenização pesada e aceitar a rivalidade do comércio romano em todo o Mediterrâneo, mas também caiu em anarquia pelo desencadeamento de conflitos internos. Assim, depois de quase um quarto de século de lutas – desde 265 a.C. até 241 a.C.– acabava a chamada "Primeira Guerra Púnica". O saldo de vítimas foi, até então, o mais elevado da Antiguidade. Segundo coteja Kienitz:

"... uns 300.000 romanos e itálicos pereceram ou se afogaram no mar durante o transcurso da guerra. A perda em homens dos cartagineses – finaliza *–, que lutavam principalmente com mercenários, foi menor, mas o comércio se viu muito mais afetado economicamente".*

Vencidos, os cartagineses viram os problemas se reproduzirem em progressão matemática. Um dos mais graves, como costuma acontecer entre os submetidos durante o pós-guerra imediato, teve a ver com a desmobilização dos combatentes.

A guerra contra os mercenários

Durante a luta pela Sicília, os cartagineses haviam recrutado inúmeros mercenários procedentes dos países helênicos *("Aos ricos mercadores de Cartago não interessava muito fazer eles mesmos a guerra",* aponta Grimal) e em seus exércitos abundavam os gauleses, os númidas, inclusive iberos e itálicos da Campânia. Os homens desmobilizados foram enviados à África, para receber o pagamento atrasado de seus salários, mas o dinheiro nunca chegou. Os mercenários, então, tomaram as armas, guiados por três chefes: o africano Mato, o itálico Espêndio e o gaulês Autárites, que enfrentaram e venceram o exército cartaginês de Hanón.

A gravidade da situação fez com que a elite púnica entrasse em pânico, tentando, de início, deter a sublevação com promessas de pagamento e até com a contratação de galeras, que se ocupariam de transportar os mercenários aos seus países de origem. A sombra obscura das sublevações em Messina e Régio ameaçou as classes dirigentes, que temiam ver a cidade cair nas mãos dos mercenários. Para piorar, não tinham forças suficientes para enfrentar o conflito e seus cofres, na ocasião demasiadamente debilitados, não podiam suportar novas contratações mercenárias. Por outro lado, a inércia ia contra eles e os mercenários continuavam a avançar. De fato, estenderam sua influência até o leste tunisiano e sitiaram as cidades de Útica e Bizerta, enquanto bloqueavam a própria Cartago:

"*O acampamento parecia uma cidade* – nas palavras de Flaubert –, *tal era a multidão e a agitação que reinavam nele*".

Os dirigentes cartagineses convocaram, então, um general que havia se destacado na guerra da Sicília, Amílcar Barca, para resolver o novo conflito pela raiz. De alguma maneira os acontecimentos estavam para projetar, definitivamente, Amílcar Barca como um líder capaz de resolver os problemas mais graves. Os dirigentes, na ocasião, confiaram em sua autoridade e em sua lealdade comprovada, e lhe deram carta branca para agir. Esse será um fato decisivo já que a campanha de Amílcar foi o passo prévio para alçá-lo posteriormente ao comando de todo o exército.

A fama de Amílcar entre os combatentes era imensa e sua imagem imponente correspondia a isso.

"*Trazia ao redor da cintura lâminas de ferro reluzentes* – retrata Flaubert –; *um manto vermelho pendia de seus ombros, deixando ver seus braços; tinha duas pérolas muito grandes em suas orelhas, e sua barba negra e espessa lhe caía sobre o peito*".

No início, Amílcar conseguiu alguns sucessos menores que permitiram a ele se aventurar em um diálogo com seus ex-combatentes, porém, seus chefes se mantiveram na sublevação e o confronto se generalizou. Mais ainda: quando, de acordo com a tradição, os rebeldes cortaram as mãos e despedaçaram as pernas de seu colega Cesco e enterraram vivos muitos dos cartagineses que mantinham como reféns – alguns autores falam de até 700 homens –, nenhum acordo pôde prosperar. Amílcar, então, decidiu atuar exemplarmente. Chamou às armas todos os jovens que encontrou na cidade assediada e os submeteu a um adestramento militar duro e de curta duração; requisitou cavalos e mulas; mandou fabricar calçados resistentes e espadas curtas, e confiscou as que eram guardadas nos templos. Inclusive recrutou delinquentes e os filhos dos bárbaros, a quem prometeu em recompensa os mesmos direitos de que gozavam os cartagineses. Finalmente, organizou um aríete com aproximadamente 72 elefantes, provendo seus condutores de massas pesadas para quebrar-lhes o crânio, caso perdessem o domínio dos animais e estes pudessem se transformar em uma ameaça para as próprias forças. Além disso, exigiu dos nobres grandes contribuições em dinheiro e mantimentos para as novas tropas. Uma vez tendo a certeza de contar com um exército capaz de enfrentar os mercenários experientes que, por outro lado, não tinham o que perder e estavam dispostos a deixar suas vidas no campo de batalha, Amílcar pôs mãos à obra. Por fim, atacou, com 10 mil homens, o inimigo, que contava com 50 mil; rompeu seu cerco; alcançou-o em um vale estreito, cujas duas saídas obstruiu, e se pôs a esperar a morte deles por fome e sede.

A situação havia mudado radicalmente. Os sitiadores estavam agora sitiados, e eram os que sofriam com a falta de provisões. Conta a tradição que, uma vez acabadas as provisões, os mercenários comeram primeiro os cavalos e as mulas, depois os reféns cartagineses que ainda conservavam com vida, depois os escravos e, por fim, os feridos. Flaubert faz eco a essas versões e relata uma das páginas mais arrepiantes de *Salambô:*

"... *como morriam de fome, degolavam os aguadeiros, os cavalariços, os criados. Todos os dias matavam alguns desses... Em seguida, chegou a faltar esse recurso. Então, a gula se voltou para os feridos e os doentes. Uma vez que não poderiam ser curados, era preferível que fossem libertados de seus tormentos; e tão logo um soldado cambaleava, todos gritavam que já estava perdido e que deveria servir de alimento aos outros".*

Finalmente, desesperados, os sublevados enviaram Espêndio em busca de paz, mas já era tarde demais para estabelecer um diálogo com possibilidades de sucesso. O Senado cartaginês estava determinado a terminar com a sublevação de forma rápida e eficaz. Estando as coisas desse modo, Espêndio teve como resposta de Amílcar a ordem de ser crucificado. Como consequência, os mercenários tentaram uma saída pela força, mas também foram vencidos e, muitos deles, degolados. A sorte de outros chefes sublevados não foi muito melhor. Magon, feito prisioneiro, foi morto impiedosamente a chicotadas.

O enfrentamento entre as forças de Amílcar e a dos insurretos demorou mais um tempo e, finalmente, em 238 a.C., após três anos e quatro meses de batalhas e sítios, a guerra contra a sublevação mercenária terminou. A carnificina foi tal que o próprio Políbio a considerou a guerra mais sangrenta e desapiedada da História. O saldo foi volumoso: a grande maioria dos sublevados morreu, assim como seus três chefes indomáveis. Para as tropas "regulares" de Cartago também significou um desgaste imenso de homens e recursos, ainda que, em termos políticos, o confronto permitiu emergir um líder que, em breve, se destacaria em outras terras: Amílcar Barca.

    Enquanto isso, a vencedora Roma seguia de perto os acontecimentos que afligiam os cartagineses e que, de algum modo, eram tão úteis a ela, criando circunstâncias propícias para que avançasse em suas exigências. Então, impôs a entrega da Sardenha, a qual, por fim, os púnicos cederam por completo, permitindo a seus inimigos a conquista do interior da ilha. Não seria simples para eles, e só depois de dois séculos de campanhas teriam, enfim, o controle absoluto da brava população sarda.

CAPÍTULO IV

Os Barca e a Conquista da Ibéria

A perda da Sicília, da Sardenha e da Córsega representou para Cartago uma derrota inapelável e dramática, que semeou uma inimizade vigorosa contra Roma (em definitivo e à primeira vista, a mãe de todos os seus males). Nesse ponto, não foi estranho que os segmentos que alimentavam uma hostilidade crescente contra Roma fossem crescendo em número e influência política. Entre eles se destacava uma família que soube ganhar o apoio popular nos campos de batalha: os Barca. Era o princípio de uma dinastia que, em poucos anos, voltaria a dar a Cartago um papel predominante no Mediterrâneo.

Os Barca se tornaram um clã poderoso que não tardou em criar uma linhagem militar que sobrepujou em glória qualquer outra de Cartago. Já o nome de Amílcar, o patriarca, assinalava a estirpe familiar, pois derivava do termo *Melkart*, com o qual era identificada uma das divindades mais importantes da cidade, por sua vez semelhante ao Hércules grego. O nome Barca, por seu lado, significava, em língua fenícia, *raio, fulgor* ou *relâmpago*. O legado que representava era, portanto, de grandes desígnios.

Amílcar transformou-se rapidamente em militar de grande prestígio e popularidade, fama consolidada tanto em sua resistência empedernida na Sicília quanto nas posturas que tomou ante a rebelião dos mercenários que outrora haviam combatido sob suas ordens. O fato de ter no princípio se distanciado de uma saída repressiva contra seus antigos homens lhe valeu o respeito dos soldados e do povo. Mas, quando a intransigência dos chefes mercenários produziu a mutilação das mãos e pernas de seu lugar-tenente Cesco e no enterro de centenas de cartagineses vivos, sua decisão firme de acabar com o foco da rebelião o projetou como um dirigente de autoridade e caráter, capaz de resolver os problemas prementes que se apresentavam ao governo púnico.

Já mostramos como Amílcar sublevou os jovens que pudessem empunhar armas contra os mercenários, treinando-os com firmeza nas artes do combate, e como, posteriormente, com um exército de mais de 10 mil homens, atacou os mercenários, que tinham cinco vezes esse número, e depois de romper um cerco em volta da cidade os forçou a se isolar em um pequeno vale, cujas saídas obstruiu. A fome fez o resto. Quando os mercenários, desesperados pela falta de comida, ofereceram a paz, já era tarde. Amílcar, decidido a terminar com a sublevação pela raiz, esmagou-os com todo o rigor de suas forças.

Amílcar Barca transformou-se rapidamente em um militar com grande tradição popular. Fazia parte do grupo de homens influentes que apoiavam a ideia de empreender um avanço militar sobre Roma. Essa opinião era compartilhada por amplos setores da política cartaginesa.

É provável que a derrota que sofrera na Sicília criou em Amílcar aversão especial aos romanos. De qualquer modo, essa não era uma posição irrealista no seio de uma cidade imperial que havia observado, horrorizada, como suas conquistas foram derrubadas por Roma. De tal forma, é verossímil pensar que Amílcar tenha se transformado em um militar popular, enquanto encarnação da resistência antirromana e do anseio de reconstrução de certo orgulho "nacional".

Por outro lado, tendo perdido a Sicília, a Sardenha e a Córsega, não era impensável um futuro em que Roma avançaria diretamente contra Cartago, que – de tão debilitada – cairia de forma inexorável.

Portanto, a busca de compensações pelo que havia sido perdido se apresentava como uma opção reivindicativa imediata, mas extremamente cautelosa e preventiva para o futuro. Então, um novo plano expansionista deveria ter uma intencionalidade racional e política que o sustentasse.

Com seus antecedentes, Amílcar não tardou em se transformar no representante dileto do segmento anexionista do Senado cartaginês, em franca oposição aos grupos mais tradicionalistas que viam em qualquer aventura bélica – sobretudo as de sorte duvidosa – um obstáculo para o desenvolvimento do comércio marítimo.

Com as coisas nesse ponto, é curioso que uma maioria estrondosa de historiadores de todas as épocas e procedências atribua a Amílcar um sentimento vingativo particular para com os romanos, esquivando-se dos aspectos políticos da crise aberta. Segundo essa ótica, será esse sentimento a origem de um ódio que autores diferentes interpretaram como uma das heranças familiares mais significativas, a que encarnará em seu genro Asdrúbal e em seus três filhos (Asdrúbal, Magão e Aníbal), alcançando, com este último, as dimensões de um preceito dramático e inviolável.

De qualquer modo, o certo é que Amílcar e a "ninhada do leão", como gostava de se referir a sua prole, ofereceram a Cartago uma proposta de revanche e reivindicação. É claro que, no seio das classes altas e médias – ligadas especialmente ao comércio – sobrevoava um interesse no qual se apoiava tal projeto: recuperar a hegemonia no Mediterrâneo, que tantas satisfações econômicas lhes deram. Em minoria, as elites, cujos interesses se baseavam na exploração agrária, desconfiavam e temiam. A guerra, sabe-se, não é boa para as colheitas nem para as semeaduras, além de que o produto da terra costuma ser confiscado para a provisão das tropas.

Terminada a repressão contra os mercenários, Amílcar acreditou ser oportuno pôr em prática seu plano de reconquista. Sua ideia não era, com certeza, irrealista. Não pretendia empreendê-la diretamente contra Roma, mas estabelecer uma base de onde, em um futuro, poderia atacá-la. A Hispânia era seu primeiro degrau. A opção, sem dúvida, era a mais apropriada: Cartago e muitos povos da península ibérica vinham mantendo relações comerciais e políticas estreitas desde outrora, e a afinidade entre uns e outros havia aumentado.

Não fica de todo claro em que condições Amílcar iniciou seu projeto. Políbio indica que foi diretamente por ordem senatorial, ainda que outros autores, como nota Grimal, *"afirmam que o fez por decisão própria"*. Independentemente de quem foi o autor da iniciativa, própria ou senatorial, para realizar seu intento, Amílcar contou com o apoio explícito da direção política da metrópole, que se desafeiçoou de Hannon como chefe militar das forças da Líbia e entregou a Amílcar aquele posto, ou seja, colocou em suas mãos as forças necessárias para invadir a Hispânia. É possível que o povo cartaginês tenha acompanhado a manobra, já que naquela época Amílcar se encontrava no zênite de sua popularidade.

O certo é que Amílcar invadiu o território ibero com uma formação de soldados e oficiais organizada e experiente, aos quais se somaram, como era próprio da estratégia cartaginesa, numerosos mercenários. Acompanhavam Almícar seu genro Asdrúbal, à frente da frota, e seus três filhos.

Conta a tradição que a seu filho Aníbal, de apenas 9 anos, fez com que jurasse diante do altar de Baal-Haman a continuação de sua vingança. De qualquer maneira, esse episódio se baseia fundamentalmente em autores como Políbio, Apiano e Nepote, conhecidos por nutrir um rancor especial contra Cartago, o que pode estabelecer as bases de um relato que, pelo menos, deve levantar uma cortina de dúvida.

Amílcar conduziu seu exército pela costa africana e cruzou o Mediterrâneo com uns 30 navios através do pequeno estreito que o separava da Hispânia. Era seguido por uma vigorosa cavalaria númida e uma manada de elefantes. No ano de 237 a.C., desembarcou no continente, na antiga cidade fenícia de Cádis, e iniciou de imediato as operações de conquista. Seus primeiros passos foram consolidar-se na costa, colocando sob seu domínio vários povos iberos que ofereceram pouca resistência, sobretudo porque sua prévia e longa relação com os púnicos lhes havia dotado de certa familiaridade que não recusaram completamente. Em seguida, dedicou-se a invadir o interior, tomando como bases aquelas cidades que se mantinham fiéis a Cartago, uma vez que fomentou o recrutamento de suas populações.

Em pouco tempo reduziu as oposições dos *turdetanos* comandados por Istolácio e Indortes, que tentaram deter o avanço de Amílcar em direção a Serra Morena. A sorte dos resistentes foi escassa: Istolácio morreu em batalha e seus aproximadamente 3 mil guerreiros – feitos prisioneiros – foram incorporados ao exército cartaginês. Indortes, por sua vez, que havia levantado um exército de 50 mil homens, também escolheu a batalha, mas a grande maioria de seus infantes foi aniquilada e uns 10 mil feitos prisioneiros. Então, Indortes decidiu pela fuga, mas foi capturado antes que a pudesse concretizar; em seguida, submetido à tortura, foi cegado e crucificado. É claro que o resto de seu exército foi perseguido e dizimado.

Em aproximadamente oito anos de campanha, Amílcar Barca ocupou uma faixa extensa que pertencia aos *bástulos* e aos *mastienos*. O território conquistado se estendia entre o Betis (Guadalquivir) e o Mediterrâneo, fundando, na ponta noroeste do mesmo, a cidade de *Akra Leuke* (Ponta Branca), provavelmente a atual Alicante.

Não obstante, o que parecia uma operação sem fissuras se viu ocasionalmente interrompida por uma insurreição no norte africano.

Aproveitando a ausência de Amílcar, um grupo númida se levantou em armas, obrigando Barca a desviar sua atenção da campanha ibera para controlá-lo. Amílcar enviou, então, seu genro Asdrúbal para sufocar a rebelião. O jovem não desapontaria o patriarca e, após enfrentar os amotinados com força, deixou no campo de batalha mais de 8 mil númidas mortos e tomou em torno de 2 mil prisioneiros.

O sucesso na Hispânia, de qualquer modo, era notório e foi rapidamente anunciado em Cartago, já que, durante sua campanha, Amílcar explorou as jazidas de prata de Serra Morena, o que permitiu que ele enviasse para a metrópole remessas de prata significativas com as quais a cidade enfrentou os pagamentos indenizatórios volumosos que devia abonar Roma por sua derrota na Primeira Guerra Púnica. Nesses anos, Amílcar Barca concentrou seu domínio na Andaluzia oriental, o sudeste, o leste e regiões ricas em prata como Cartagena e Cástulo, e em ferro e cobre do litoral de Murcia, Málaga e Almería.

Roma cobrava suas dívidas, o que não deixava de tranquilizá-la, mas temia a colônia cartaginesa na vizinha Hispânia. Inclusive, advertiu Amílcar, por meio de uma embaixada, no ano de 231 a.C., que a conquista empreendida renegava o espírito do tratado de paz acordado entre ambas as potências no ano de 348 a.C., mas o general púnico, demonstrando uma diplomacia singular, respondia invariavelmente o mesmo: a conquista da Hispânia só tinha como objetivo o cumprimento das dívidas de guerra contraídas.

É provável que em Roma alguns senadores vissem sem maior preocupação as aventuras bélicas dos púnicos na Hispânia e que, inclusive, as tomassem, como sugere algum autor, com certo agrado, uma vez que se mantinham ativos, bem longe de suas fronteiras; mas, em geral, o Senado de Roma era mais precavido e não acreditava em Amílcar e, muito menos, em suas justificativas. Não lhes escapava, por exemplo, que, a menos de cinco anos de ter sido vencida, Cartago havia empreendido com sucesso suas atividades expansionistas. Por outro lado, a justificativa da campanha na Hispânia como uma estratégia para cumprir com os pagamentos de indenização impostos após o fim da Primeira Guerra Púnica não eram críveis de verdade, uma vez que, de fato, só faltava, naquela ocasião, uma das cotas de dívida. Ficava claro, então, que semelhante esforço de conquista era desproporcional em relação ao saldo pendente.

Mas Roma também estava ferida pela longa guerra contra Cartago e precisava recuperar forças. E isso, em termos materiais, significava contar com o tempo suficiente para reorganizar suas linhas de ataque e reabastecimento. De imediato, os romanos não conseguiram nada além de lançar advertências mais ou menos ameaçadoras que, às claras, os cartagineses ignoraram com diplomacia. Em um clima tenso de desconfiança mútua e crescente, Roma e Cartago sabiam que um novo conflito se aproximava.

Não obstante, para os cartagineses, nem tudo ia bem. Em 229 a.C., em Hélike, durante uma rebelião da tribo dos orisos, no vale alto de Betis, Amílcar perseguiu um grupo acreditando que os havia encurralado. Equivocara-se. Com efeito, tratava-se de uma estratégia de seu chefe, Orisón, que, por meio de um ardil, atraiu os púnicos confiantes para uma emboscada. Tendo caído nela, as forças locais se lançaram sobre os cartagineses utilizando uma tática curiosa: touros com feixes de ervas ardendo nos chifres que, com seu estouro tresloucado, fizeram com que os púnicos se precipitassem em fuga com graves perdas, entre elas a do próprio Amílcar. Ele, ao tentar cruzar um rio, morreu afogado (segundo a versão mais difundida e originada em Diodoro), ou em mãos de seus atacantes em campo aberto, como, por outro lado, sugere Apiano.

Seja lá como tenha sido, o fundador da dinastia dos Barca havia deixado sua vida na Hispânia. Legava, porém, uma herança colossal que Cornelio Nepote sintetizou em poucas linhas:

"Chegou à Hispânia onde realizou grandes feitos com bons resultados; foi ele quem submeteu vários povos, tão poderosos quanto guerreiros, e enriqueceu toda a África com cavalos, armas, homens e dinheiro".

De acordo com a ótica de Nepote, não foi só isso que Amílcar deixou depois de sua passagem pela Hispânia:

"Foi seu ódio eterno contra Roma – assinala – o que, aparentemente, fez com que se declarasse a Segunda Guerra Púnica, já que, por seus pedidos insistentes, seu filho Aníbal preferiria a morte antes de abandonar sua medição de forças contra os romanos".

Além do argumento repetido do imperativo paterno que Nepote enfatiza, não existem dúvidas de que Aníbal vivenciou muito especialmente o drama que envolveu seu pai. Anos mais tarde, durante sua campanha na Itália, ele mesmo utilizaria reiteradamente o método da emboscada para acabar com os inimigos e, inclusive, colocará em prática o mesmo estratagema de utilizar bois com tochas em seus chifres para dizimar as tropas do adversário. Observador judicioso dos acontecimentos, o jovem Aníbal soube assimilar muito cedo o melhor das táticas de guerra dos diferentes povos, sem dúvida uma das chaves que o projetaria como um estrategista de sucesso.

Asdrúbal fazia parte do clã Barca, por estar casado com a filha de Amílcar. Assumiu o controle do exército quando seu sogro morreu. Destacou-se pela destreza no campo de batalha e por sua refinada sensibilidade política.

Nova Cartago, novo ponto de partida

O sucessor natural de Amílcar era seu genro Asdrúbal, tão hábil nas artes da guerra como na da política. A morte do sogro o surpreendeu quando ainda lutava contra os númidas, mas, logo que soube da grave notícia, voltou imediatamente para a Hispânia. Como era habitual entre os cartagineses, os soldados o ungiram como novo chefe, designação que o Senado de Cartago referendou de imediato.

O novo chefe vingou a morte do sogro como primeiro ato de sua liderança, utilizando um exército poderoso de 50 mil homens, 6 mil cavaleiros e uma manada de aproximadamente 200 elefantes.

Respaldado por força semelhante, não custou a ele saldar as dívidas com o rei dos *orisios* e conquistar toda a Oretania (região de grande valor estratégico por suas riquezas minerais e caminhos que a ligavam à costa), reduzindo suas tribos à categoria de meras tributárias. Logo se esforçou para consolidar as conquistas de Amílcar e para isso fundou a cidade de *Qart-Hadashat* (Nova Cidade) nos anos de 229-228 a.C.

Também citada como *Nova Cartago* e, posteriormente, como *Cartagena,* a cidade estava localizada na antiga Mastia, e foi consagrada a Baal, o deus da metalurgia. A dedicação a Baal não é um dado sem importância e prenuncia um destino calculado. *Nova Cartago* se converteu bem depressa no centro púnico de produção militar na Hispânia.

Mais que isso, os velhos sonhos de Amílcar Barca foram se realizando, ainda que agora com outros personagens. Asdrúbal transformou-se muito rápido em amo e senhor de grande parte da Hispânia, e seu poder conferia a ele, com certeza, dádivas de um autêntico rei: cunhou moedas com seu rosto, estabeleceu pactos com inúmeras tribos e até se casou com uma ibera, filha de um rei local, o que lhe conferiu maior condescendência da população e de líderes da península. Huss assinala que seu prestígio entre os iberos:

"... se elevou a um novo cume: os príncipes ibéricos lhe abriram suas casas e os membros responsáveis pelas tribos o reconheceram – caso único – 'como general dotado de poder absoluto', isto é, deram-lhe o comando supremo de todas as forças armadas ibéricas".

Apesar disso, aponta o autor, nem seu poder de rei nem a edificação de uma "nova" Cartago tinham o sinal de uma independência com relação à metrópole-mãe, e não registravam nenhum conceito de autonomia. Pelo contrário, Asdrúbal era o avanço europeu do Estado cartaginês e a Hispânia, uma nova província de Cartago.

Nova Cartago progrediu com rapidez em um território riquíssimo em cultivos e metais e, acima de tudo, como porto ideal para o posicionamento púnico; transformou-se, pois, na capital da Hispânia cartaginesa e no centro nevrálgico de seus interesses no continente. Dito em outros termos, tornou-se um novo ponto de partida de onde iniciar a expansão.

Mais uma vez, foi Políbio quem deixou um relato pormenorizado da cidade; descreve *Nova Cartago* rodeada de quatro colinas, cada uma delas correspondente à localização de espaços religiosos vinculados ao culto púnico no local e que teriam adotado posteriormente um nome grego. Segundo o autor, a cidade:

"Está situada no ponto médio do litoral espanhol, em um golfo orientado a sudoeste. A profundidade do golfo é de uns vinte estádios (unidade de comprimento que para os gregos equivalia a 192 metros) e a distância entre ambos os extremos é de dez; o golfo, pois, é muito semelhante a um porto. Na boca do golfo existe uma ilha que diminui muito o ritmo de penetração para dentro, por seus dois flancos. No fundo do golfo existe um tômbolo (faixa de terra que une uma ilha à costa), em cima do qual está a cidade, rodeada de mar pelo Leste e pelo Sul, isolada pelo lago a Oeste e em parte pelo Norte, de modo que o braço de terra que alcança o outro lado do mar, que é o que enlaça a cidade à terra firme, não alcança uma largura maior que dois estádios. O corpo da cidade é côncavo; em sua parte meridional apresenta um acesso mais plano a partir do mar. Algumas colinas ocupam o terreno restante, duas delas muito montanhosas e escarpadas, e três não tão elevadas, mas abruptas e difíceis de escalar. A colina mais alta está a Leste da cidade e se precipita para o mar; em seu pico se ergue um templo a Asclépio. Há outra colina em frente a esta, de disposição similar, na qual se edificaram palácios reais magníficos, construídos, segundo se diz, por Asdrúbal, que aspirava a um poder monárquico. As outras elevações do terreno, apenas colinas, rodeavam a parte setentrional da cidade. Dessas três, a orientada para o Leste se chama de Hefesto; a que vem em seguida, de Atlas, personagem que, aparentemente, obteve honras divinas por ter descoberto algumas minas de prata; a terceira das colinas leva o nome de Cronos. Foi aberto um canal artificial entre o lago e as águas mais próximas para facilitar o trabalho dos que se ocupam das coisas do mar. Por cima desse canal, que corta o braço de terra que separa o lago do mar, foi erguida uma ponte para que carros e mulas possam passar por lá, trazendo as provisões necessárias do interior do país".

Nova Cartago transbordava de armazéns que nutriam as tropas conquistadoras, uma vez que constituía sua base naval mais importante. Murada de forma férrea, dali emanavam as diretivas para consolidar o poder da metrópole no velho continente. Por outro lado, *Nova Cartago* era o epicentro urbano comercial que animava não só a ocupação da Hispânia, mas também a economia da Cartago original, papel que se acentuou ainda mais quando Asdrúbal melhorou a organização da exportação das jazidas de prata e de ouro que encontrou em suas expedições. Portanto, a nova cidade ocupava um lugar estratégico e se desenvolveu com rapidez – por estimativa, contava com uma população de 40 mil habitantes, em grande parte artesãos, trabalhadores especializados, marinheiros e servos –, uma vez que, desde lá, se podia controlar bem a periferia e dispor de um porto que servia de trampolim para as costas do norte da África.

Então, um sopro renovado de recursos reanimou o Império cartaginês que, em um tempo recorde, deu mostras de recuperação, alimentando suas antigas pretensões imperiais em toda a região. A prosperidade aumentou a influência da cidade, consolidada mediante pactos diplomáticos com diversas tribos locais. Asdrúbal era mais propenso à diplomacia, se com ela pudesse alcançar os mesmos objetivos. Esses pactos, além de dar-lhe maior estabilidade local, lhe permitiram recrutar novos reforços para suas tropas originais, criando um impressionante exército "multinacional", cada vez mais experiente e eficiente. Os novos recrutas, aceitos enquanto súditos de Cartago, desalojaram, em parte, os mercenários, mudando assim a antiga estrutura do exército púnico. Continuava sendo, em grande medida, um cadinho de povos, ainda que o pagamento deixasse de ser a principal motivação.

A fundação e o desenvolvimento de *Nova Cartago*, com certeza, produziram comoção em Roma, ocupada, por outro lado, em sua guerra contra os gauleses cisalpinos.

O Senado romano evitou abrir uma nova frente de conflito e, adiantando-se com sua diplomacia, tentou se livrar da instabilidade de uma nova guerra. Para isso, mostrou-se conciliador com os púnicos, a quem lhes ofereceu um tratado de boa vizinhança. O pacto, conhecido como "Tratado do Ebro", firmado no ano de 226 a.C., envolvia Asdrúbal, mas não Cartago, um detalhe que não inquietou demais aos romanos, uma vez que, a estes, o que realmente preocupava era Asdrúbal. Por que os romanos se apressaram em subscrever um pacto com um chefe militar e não com as autoridades senatoriais da metrópole? É possível que Roma, pressionada pelo conflito com os gauleses, desejasse evitar todo tipo de procrastinações diplomáticas em uma conjuntura com alta volatilidade, na qual qualquer incidente com os púnicos poderia provocar uma reação, que desencadearia um conflito generalizado. Não é estranho, nessas circunstâncias, que Roma tenha apressado um tratado tão específico para assegurar a paz.

O tratado estabeleceu que Asdrúbal se comprometia a não ultrapassar a fronteira do rio Ebro com intenção de guerra. Por sua parte, os romanos lhe concediam todos os direitos para operar livremente em direção ao sul de tal marco. Isso deixava os romanos protegidos para se concentrar nos gauleses, que foram completamente derrotados em Telamón (Toscana); posteriormente, Roma tomará a iniciativa e fundará as colônias de Cremona e Placentia, e ocupará Mediolanum (Milão), a capital dos *gauleses ínsubros*.

Para Asdrúbal, o tratado citado também tinha suas vantagens. Enquanto Roma se desgastava em uma guerra, ele consolidava suas posições e treinava um exército maior, preparando-o para um enfrentamento de envergadura.

Aníbal chefe

Em plena conquista e muito respeitado por seus homens, ainda assim Asdrúbal morrerá apunhalado. Alguns autores assinalam que ele foi vítima da *devotio*, um juramento que vinculava os guerreiros espanhóis a seus chefes e que nem a morte poderia interromper. A *devotio* era uma prática de honra mais ou menos propagada e comprometia uma legião de homens na defesa e – se necessário – na vingança de seus chefes. Como os que caíram nas mãos dos exércitos de Asdrúbal não foram poucos, grande quantidade de hispanos fiéis aos seus juramentos estava em condições de praticá-la. E o crime de Asdrúbal parece ter acontecido nesse contexto. Huss faz referência, em contraste, ao fato de que o assassino foi um escravo celta, para vingar a morte de seu amo, condenado por Asdrúbal. De qualquer modo, o certo é que, no outono de 221 a.C., o exército cartaginês na Hispânia havia se tornado acéfalo, ainda que, como no caso da continuidade entre Amílcar e Asdrúbal, também nessa oportunidade a nova direção estava estabelecida de antemão.

Aníbal, o irmão mais velho dos Barca, havia consolidado um relacionamento extraordinário com os soldados e seus comandantes médios, relação trabalhada em mais de quinze anos, compartilhando tendas e batalhas com eles, nas quais havia se destacado por sua coragem e inteligência. Diante disso, não poderia causar nenhuma surpresa que recaísse sobre ele o comando supremo. Por outro lado, o nome Barca invocava a exaltação conquistadora e a sede de vingança contra Roma, uma querela e uma ferida que continuavam abertas.

Todavia, a nomeação de Aníbal inquietou os setores mais conservadores do Senado cartaginês, que viam, com semelhante chefe, mais próxima a possibilidade de uma guerra aberta contra Roma. Defensores da nomeação de Hannon e opositores dos Barca tiveram que confirmá-lo contra sua vontade depois da aprovação dada pela Assembleia do Povo de Cartago e da pressão dos setores mais belicistas do próprio Senado.

Com apenas 27 anos, Aníbal se pôs à frente do exército. A partir dessa data, sua política expansionista o levaria a se defrontar com diferentes povos ibéricos que, ano a ano, se submeterão a Cartago. Em menos de dois anos estendeu a fronteira cartaginesa na Hispânia em direção ao noroeste. Triunfante em suas campanhas contra os *olcades, vacceos* e *carpetanos,* que viviam no planalto castelhano, suas qualidades como chefe se consolidaram ainda mais depois de realizar uma repartição generosa do butim entre seus homens. Não só a popularidade de Aníbal crescia, mas também seu exército, cada vez mais povoado de soldados iberos que engrossavam sua infantaria, seja de modo voluntário ou como parte das condições do vencedor. Em suas expedições, Aníbal submeteu as cidades dos adversários, como Alteia, capital dos *olcades*, e Helmántica (Salamanca), capital dos *vacceos*, e outros enclaves importantes, como Arbúcala (Touro). Logo voltará a *Nova Cartago*, atravessando os desfiladeiros da serra de Guadarrama e descendo pelo rio Jarama, esmagando uma coalisão desesperada, encabeçada pelos que ainda resistiam ao ataque púnico: *olcades, carpetanos* e alguns fugitivos da localidade de Helmántica. Este último triunfo trouxe mais popularidade ainda para Aníbal entre seus homens, sobretudo tendo em conta que derrotou uma força calculada em uns 100 mil homens, aos quais enfrentou com muito menos e com uma manada de 40 elefantes. A superioridade de sua qualidade estratégica, a partir daí, ficou definitivamente selada.

Com o fim dessa última resistência, escreveram Políbio e Tito Lívio, já não haverá povo ibero que o ameaçasse na direção do sul do Ebro. Não estavam enganados: a influência cartaginesa tinha chegado até a serra de Guadarrama, consolidando seu controle entre o sudoeste e o noroeste da península, ao mesmo tempo em que assegurava o caminho livre para o vale do Douro, fundamental para obter provisões para as tropas, tributos econômicos dos povos submetidos e mão de obra escrava para a exploração de minérios.

Em muito pouco tempo, portanto, Aníbal havia se transformado no herói dos seus e no pesadelo dos iberos e romanos, adorado por seus homens e temido pelos adversários.

Definitivamente era o filho pródigo de Cartago, dono de inteligência amadurecida no estudo – tinha conhecimentos de história e falava grego e latim – e, sobretudo, era o representante do anseio de oposição a Roma, inimigo que aprendera a conhecer nas campanhas de seu pai e nos relatos dos veteranos que estavam a seu serviço. Chegaria logo o momento de incorporar suas experiências.

Tito Lívio destacou de forma magnífica a dimensão desse homem avassalador e inteligente:

"Era, pensavam os velhos soldados, Amílcar jovem, redivivo; viam nele o mesmo vigor na expressão, a mesma energia nos olhos, o mesmo temperamento, os mesmos traços. Quando Aníbal agiu, em seguida, foi de tal maneira que tudo quanto havia nele de seu pai, logo, ficou ofuscado por suas muitas outras qualidades. Jamais um mesmo caráter foi mais apto para os comportamentos mais opostos, a obediência e o comando. Também fica difícil estimar quem ele apreciava mais, se o general Asdrúbal ou o exército: dentre todos os seus oficiais, Asdrúbal sempre recorria a ele para as ações que requeriam maior intrepidez e energia, e nenhum outro chefe despertava

Tito Lívio escreveu uma história sobre Roma desde a fundação da cidade até a morte de Druso, em IX a.C.

nos soldados o grau de confiança e admiração que suscitava Aníbal. Ninguém tinha tamanha audácia para enfrentar o perigo, nem mais sangue frio em meio ao perigo. Nenhuma fadiga podia esgotar seu corpo, nem vencer sua alma; resistia, do mesmo modo, ao frio e ao calor; quanto à comida e bebida, acomodava-as a suas necessidades e não ao prazer; para ficar acordado ou dormir, não fazia nenhuma diferença entre o dia e a noite; o tempo que lhe deixavam suas obrigações, dedicava ao sonho, e esse sonho não era buscado em um leito macio ou no silêncio: muitos o viram, muitas vezes, coberto com um manto de soldado, recostado no chão, em meio aos sentinelas e nos postos de guarda. Suas roupas não eram em nada diferentes das dos jovens de sua idade: eram suas armas e cavalos os que chamavam a atenção. De todos os cavaleiros e de todos os soldados de infantaria era, de longe, o melhor; entrava em combate primeiro e era o último a se retirar. Mas essas grandes qualidades contrastavam com vícios imensos: uma crueldade desumana, uma perfídia mais do que púnica, nenhum anseio pela verdade, nem sentido do sagrado, nem temor aos deuses, nenhum respeito pelos juramentos, nem escrúpulo religioso. Com esse caráter, modelado por essas qualidades e esses vícios, serviu três anos sob o comando de Asdrúbal, sempre fazendo o que tinha que fazer, ou o que havia para ver, para chegar a ser, um dia, um grande chefe".

Políbio destacará seus dons de comando em uma prosa que não pode ocultar certo traço de admiração. Políbio escreve em sua *História*:

"Mas seus dotes de comando eram tão extraordinários que as grandes diferenças entre seus soldados não perturbavam a disciplina e eram exemplares a obediência e a diligência com que executavam suas ordens e desejos".

Apesar disso, fiel representante dos interesses latinos, Políbio enfatizará também sua *"crueldade extraordinária"* e uma suposta avidez pelas riquezas.

A crise de Sagunto

A ascensão de Aníbal à frente das tropas púnicas expôs para os romanos, mais uma vez, o equilíbrio frágil que mantinham com seus vizinhos cartagineses. O Tratado do Ebro, em si, não constituía uma garantia fiável e só havia conseguido dar-lhes o tempo necessário para se desfazer dos gauleses. Não era pouco, mas, às claras, era insuficiente para deter a nova ameaça crescente. Roma estava consciente de que nem mesmo o tempo tinha sido mal aproveitado pelos seus adversários, que continuaram ocupando regiões da Hispânia e aumentando a força de seu exército.

Como era de prever, o Tratado do Ebro não tardou em cair no esquecimento, e uma questão relativa à precisão dos limites iria desencadear uma nova crise.

O rio Ebro, denominado Iberus na Antiguidade, nasce no noroeste da Espanha e, depois de percorrer uns mil quilômetros em linha mais ou menos paralela aos Pirineus, desemboca no Mediterrâneo, 160 quilômetros ao norte da cidade de Sagunto. De tal modo que, segundo o mesmo tratado, a cidade ficava longe do protetorado romano.

Essa exclusão grosseira de Sagunto promoveu diversas conjeturas. Podia o Senado romano ter uma ideia tão inexata da posição de Sagunto em relação ao Ebro? Difícil. Há registros arqueológicos suficientes que apontam para a presença italiana na cidade, o que mostra, de maneira inequívoca, um comércio e um relacionamento certo entre a cidade e Roma e, portanto, uma referência geográfica exata da localidade.

Também não é verossímil que, preocupados como estavam os romanos com o avanço cartaginês, decidissem abandonar uma cidade que tinha afinidade com eles à sua sorte. Mais verossímil, pelo contrário, parece ser a versão que indica que, pelo rio Ebro, os romanos identificaram o rio Júcar, cuja desembocadura sobre o Mediterrâneo se encontra a uns 60 quilômetros ao sul de Sagunto. Essa hipótese se reforça com o fato de que Asdrúbal organizou suas conquistas em direção ao centro da Hispânia, sem passar nunca a marcação do Júcar, o que expressava, de alguma maneira, o respeito estrito pelo pacto.

Por último, se os romanos tivessem concordado que o rio Ebro era a última fronteira púnica na Hispânia, teria significado uma entrega de quase toda a Espanha atual aos adversários, ficando apenas uma faixa estreita rumo aos Pirineus e, portanto, às portas do Império; uma concessão que não cabia esperar do cauto Senado romano. Nesse sentido, é válido tomar como certa a versão que indica o rio Júcar como última fronteira indicada pelos romanos.

O certo é que, qualquer que tenha sido a marca original do Tratado do Ebro, Sagunto era aliada de Roma, que se relacionava com as cidades gregas do levante, Ampúrias e Rodes, colônias massaliotas que também gozavam da proteção romana. Sagunto era, além disso, a única que não havia caído sob o domínio cartaginês. O enfrentamento entre as duas potências, portanto, não tardaria a se desenvolver em torno dessa cidade.

Para Tito Lívio e Políbio, as causas do novo enfrentamento eram antigas. Para o primeiro, Aníbal só aguardava uma situação propícia, e evitava se lançar à guerra. É nesse ponto que se entende a demora da tomada de Sagunto por suas forças. Por seu lado, em coincidência com o anterior, Políbio sustenta que, se o cartaginês evitou, durante algum tempo, o choque contra Sagunto, foi porque provocaria uma reação romana imediata, antes que os cartagineses tivessem tempo de estender e consolidar sua autoridade no restante da Hispânia, refúgio principal de suas bases de retaguarda mais importantes.

Enquanto isso, Sagunto, situada no alto de um promontório rochoso, que domina o caminho de Valência em direção ao Ebro através do litoral valenciano, continuava sua vida, alterada pelos acontecimentos que se previam. Com seu governo dividido em dois setores, um pró-romano e outro pró-cartaginês, no início, os primeiros tomaram o poder, derrubando os setores de influência púnica. A situação gerou mais tensões entre Roma e Cartago que, enquanto secretamente ficavam de olho nas armas, puseram em jogo sua diplomacia.

No ano de 220 ou 219 a.C., os embaixadores romanos P. Valério Flaco e Q. Bebio Tânfilo solicitaram em *Nova Cartago* o afastamento das forças de Aníbal de Sagunto, que se encontrava sob sua proteção. Aníbal ouviu os representantes da Loba com paciência, mas, aumentando suas preocupações, observou que não seriam eles os que estabeleceriam a política cartaginesa na Hispânia. De todos os modos, e fazendo uso de uma hábil manobra diplomática, Aníbal fez saber aos romanos que só interviria para pôr fim à disputa que enfrentavam os saguntinos com os *turboletas*, uma tribo vizinha, instalada ao norte do rio Júcar na região de Cuenca. Os romanos, claro, não acreditaram muito nos argumentos dele e foram embora, convencidos de que essa era uma desculpa que justificava a intervenção.

Políbio analisa que, então:

"Aníbal enviou correios a Cartago para saber o que deveria fazer, posto que os saguntinos, confiando em sua aliança com os romanos, prejudicavam alguns dos povos submetidos aos cartagineses".

Sempre de acordo com Políbio:

"Aníbal, resumindo, estava possuído pela irreflexão e por uma coragem violenta. Por isso não se servia das causas verdadeiras e se esquivava com pretextos absurdos. É o que costumam fazer os que, por estarem aferrados a suas paixões, desprezam o dever". Finalmente:

"Os embaixadores romanos, ao comprovar que a guerra era inevitável, zarparam para Cartago, pois queriam reafirmar suas advertências lá. É claro que estavam certos de que a guerra não se desenvolveria na Itália, mas na Espanha, e de que utilizariam como base para esta guerra a cidade de Sagunto".

Nesse contexto, Aníbal decidiu, por fim, apresentar suas forças às portas de Sagunto, iniciando um cerco bem robusto de homens, artilharia, aríetes e torres de assalto. O ataque a cidades muradas era uma das operações mais arriscadas. A diferença entre estar dentro e fora só podia constituir uma vantagem para os primeiros, cujas forças se viam multiplicadas pelo efeito das paliçadas que os protegiam e das torres, a partir das quais os lançadores de dardos e lanças conseguiam fazer estragos entre os atacantes. Em Sagunto, os muros também aguentaram inabaláveis as investidas púnicas, desesperando o confiante Aníbal que, inclusive, chegou a ser ferido em uma perna ou no quadril em plena batalha e, por isso, teve de transferir o comando do cerco por um tempo a Maharbal, um combatente extraordinário e experiente ungido como chefe de sua cavalaria.

Sagunto resistiu aos ataques púnicos, aos impactos das pedras lançadas pela artilharia e às tentativas de invasão com as torres de assalto, apesar da notável superioridade dos cartagineses. A luta, então, manteve-se com final em aberto, inconclusivo. A resistência saguntina era tão tenaz e eficaz, que encorajou os sitiados a fazer saídas inesperadas, não mais defensivas, mas ofensivas, que obrigaram os sitiadores a empreender uma fuga impensada. Mas, com o tempo e as reservas a seu favor, o poder dos sitiadores desequilibrou a balança. Paulatinamente o assédio cartaginês começou a dar seus frutos e a resistência diminuiu em efetividade. A maquinaria de guerra cartaginesa foi, pouco a pouco, acabando com as forças e os soldados dos defensores.

Os saguntinos, entretanto, recorreram a um procedimento que lhes deu alguma trégua. Usavam uma espécie de lança, a *falarica*, de madeira e com um cabeçote largo e ponta de ferro, que cobriam com estopa misturada com breu para depois colocarem fogo. O ferro dessa lança tinha três pés de largura, para que pudesse atravessar com facilidade o corpo do inimigo, mas, mesmo quando ficava cravada no escudo, produzia o espanto dos cartagineses, porque, como a estopa estava acesa, o fogo se propagava pela madeira. O cartaginês, para não se queimar, não tinha outro remédio a não ser se despojar das armas e fugir, muitas vezes nu, o que tornava mais humilhante sua

A imagem do historiador grego Políbio, esculpida em uma coluna de Kleitor, na Arcádia. Políbio supunha que Aníbal estava possuído pela irreflexão e pela coragem violentas e que, por isso, não se servia das causas verdadeiras e escapava com pretextos absurdos. O historiador achava que isso costumam fazer os que por estarem aferrados a suas paixões desprezam o dever.

retirada apressada. Esse recurso, embora tenha provocado numerosas baixas entre os cartagineses, no fim das contas, só ampliou um pouco mais a agonia da cidade. Com o tempo, quebrado o equilíbrio inicial, a paz se impôs como única saída para os saguntinos.

Foram duas as pessoas responsáveis para tratar das condições de paz com Aníbal. Um era saguntino e se chamava Alco. O outro era Alorco, um hispano com certa afinidade com os cartagineses que, por sua vez, era hóspede da cidade sitiada. Como de costume, as condições que o general púnico estabeleceu foram draconianas: em poucas palavras, os saguntinos teriam de abandonar a cidade só com a roupa do corpo, deixando tudo o que possuíam, se quisessem permanecer com vida. Alco pensou que se oferecesse essa proposta para os saguntinos ela seria rechaçada, com tal fervor, que até sua vida estaria em perigo, e preferiu a segurança da deserção à ameaça de morte. Sem constrangimento, refugiou-se nos acampamentos de Aníbal.

Alorco, ao contrário, julgou necessário arriscar-se e se ofereceu para ser o mensageiro das condições de paz. Assim disposto, chegou pouco depois a Sagunto e explicou em detalhes os pontos propostos por Aníbal, assegurando-se de deixar bem claro que, se não se reconciliassem com o sitiador, o cartaginês entraria na cidade pela força, assassinando toda a população. Além disso, deveriam entregar a ele todo o ouro e a prata, fossem de propriedade coletiva ou individual.

A Assembleia dos saguntinos emudeceu diante das propostas de Aníbal. E as opiniões se dividiram mais uma vez. Alguns postularam renunciar a qualquer ato glorioso e entregar a cidade aos sitiadores, salvando, se não os bens, pelo menos a vida da população; os mais pró-romanos, em contrapartida, redobraram sua aposta guerreira e escolheram impor ao inimigo uma invasão ainda mais custosa para seu exército. De imediato, reuniram todo o ouro e a prata e os fundiram com chumbo, cobre e estanho, para que os púnicos, quando alcançassem o interior da cidade, não pudessem aproveitar as riquezas.

A decisão dos saguntinos decepcionou muito Aníbal, que não queria exaurir suas forças sabendo dos compromissos militares que se aproximavam, mas, ante a negativa, procedeu ao assalto final com toda a determinação.

Começava outra história, a do heroísmo dos sitiados: alguns relatos testemunham que estes chegaram a colocar fogo na cidade para, em seguida, lançarem-se nas chamas. Aníbal, furioso por ter perdido tanto tempo e homens contra uma pequena cidade que lhe roubava não só o butim, mas a vitória em si, enfureceu-se de forma cruel com os poucos sobreviventes. No ano de 219 a.C., depois de um sítio de oito meses, Sagunto ficou completamente arrasada.

Com a queda da cidade, o poder de Aníbal se consolidou em extensão. Sagunto se somava assim a Nova Cartago, Barcino e Mahón, nas Baleares. Quase toda a metade sul da península ibérica lhe pertencia e muito pouco o separava do extenso território da Gália.

Político sagaz, Aníbal também tratou da punificação das populações submetidas, estabelecendo relações privilegiadas com algumas delas. Às cidades fenícias conquistadas, por exemplo, atribuiu a categoria de aliadas, permitindo a elas certa independência política e administrativa. Por outro lado, Aníbal enviou contingentes consideráveis de africanos para a península, cuidando de, por sua vez, mandar os iberos para o norte africano: procurava não só desenraizá-los de seus povos de origem, mas submetê-los à influência púnica hegemônica na África.

Na Hispânia, surgiram inúmeros núcleos urbanos compostos por africanos, sobretudo líbico-berbere e númida, com certo *status* de colonos militares, a quem era designada uma porção de terra para explorar em troca de serviços bélicos quando a oportunidade o requisitasse. Esses núcleos foram especialmente importantes para os lados do rio Guadalquivir, nas imediações do estreito de Gibraltar, na região de Cádis e ao sul da Extremadura.

A queda de Sagunto apresenta algumas questões políticas significativas. É certo que Aníbal teve de lutar durante pouco mais de oito meses para fazer a cidade se curvar, mas não é menos correto, e ao mesmo tempo suspeito, que Roma não tenha intervindo com todas as suas forças para apoiá-la militarmente. Em outras palavras: até onde é possível pensar que os romanos não sacrificaram Sagunto, de modo consciente, para dar por consumado um estado de guerra total contra os cartagineses?

A situação na própria Roma contribui para lançar um pouco de luz sobre o assunto.

De fato, o poder político de Roma havia sofrido certas mudanças, de influência notória, para definir as relações com Cartago. A fração dominante da nobreza tradicional, representada pelos Fábios, havia se manifestado contrária a qualquer aventura bélica e marítima e, consequentemente, era partidária de certo equilíbrio regional. Entretanto, o poder dos Fábios estava limitado, de forma visível, pela ascensão política de outras duas famílias, a dos Cornelios e a dos Emílios, cujos interesses corriam por outros caminhos. Esses, diferentemente dos Fábios, apoiavam-se em uma vasta clientela comercial e defendiam uma ampliação dos mercados ultramarinos. Cartago, então, apresentava-se para eles como o obstáculo principal a ser resolvido de imediato. Sua presença cada vez maior no Senado romano e nos círculos de poder e decisão foi inclinando a balança a seu favor. Decididos partidários da liquidação de Cartago, advogaram pela ruptura final das relações e a declaração formal das hostilidades. A guerra seria sangrenta e cara, mas, confiantes na vitória final, aguardavam um futuro de expansão até então desconhecido.

O historiador Pierre Grimal sintetiza que é inevitável:

"... chegar à conclusão de que Roma e Cartago eram obrigadas, uma e outra, a romper a paz, e isso por causa de Aníbal. A responsabilidade imediata da guerra recai, sem dúvida, sobre este, independentemente de se considerar que Sagunto estava 'mais aquém' ou 'mais além' do Ebro".

Apesar do peso individual de Aníbal nas responsabilidades, Grimal sustenta que:

"Roma e seus aliados marselheses tinham o firme propósito de não compartilhar com Aníbal, para sempre, os benefícios que pudessem obter dos mercados espanhóis".

Dito em outras palavras, Roma calibrava corretamente o valor da exploração de ouro e prata que os cartagineses realizavam na Hispânia, e precisava desses metais preciosos para sustentar sua própria expansão econômica.

Seja como for, a crise de Sagunto iniciou, em definitivo, o fim da paz equilibrada e prudente. A guerra extinguiria o novo mapa econômico mediterrâneo.

Assim sendo, após a queda de Sagunto, uma embaixada de Roma voltou a se apresentar em Cartago, desta vez para definir o futuro. A pretensão romana exposta em Cartago era tão simples como inaceitável: entregar Aníbal. Caso contrário, a guerra seria declarada. Políbio relata, em uma bela passagem, a negociação entre romanos e cartagineses:

"... o mais velho dos embaixadores romanos mostrou aos senadores a franja de sua toga, em que trazia a guerra e a paz; ele a abriria e soltaria o que eles desejassem. Os cartagineses responderam que bem podiam soltar a opção que preferissem e, quando o romano ameaçou soltar a guerra, vários senadores cartagineses gritaram que a aceitavam".

A resposta obtida pelos embaixadores foi clara, e a guerra foi definitivamente declarada.

Assim se iniciava a Segunda Guerra Púnica, a *bellum Hannibalicum*: a guerra de Aníbal.

Capítulo V

Aníbal e a Campanha Italiana

É claro que Aníbal chegou à crise de Sagunto com um objetivo desejado há muito tempo. Sua intenção inequívoca era saldar as contas com Roma e não existem dúvidas de que fez todo o necessário para que Sagunto não se esquivasse do desafio. De seu lado, Roma sabia o que se aproximava e também havia tomado suas precauções. De fato, ambas as potências mediterrâneas estavam preparadas para um confronto de longo prazo e definitivo, que fechasse por completo o iniciado na Primeira Guerra Púnica.

Como se prepararam os dois lados? Roma aguardava as definições púnicas com os poderosos exércitos consulares dispostos a partir, a qualquer momento, tanto em direção à Hispânia como à África. O plano romano, definitivamente, não guardava grandes segredos estratégicos e considerava que o cônsul Públio Cornelio Cipião – filho do general que havia dobrado a última resistência cartaginesa na Córsega e na Sardenha – marcharia sobre a península ibérica para atacar Aníbal, enquanto o cônsul Tibério Semprônio Longo desembarcaria com seu exército na África, para assediar Cartago. Os estrategistas romanos tinham decidido derrotar Aníbal na Hispânia, para logo reunir suas forças e arrasar a capital púnica. As coisas, entretanto, tomariam um rumo muito diferente.

Aníbal sabia que suas forças marinhas eram, em comparação com as romanas, muito mais exíguas, e que seu trunfo, com certeza, não viria das mãos de uma vitória naval esmagadora.

Consciente dessa inferioridade evidente e de que devia procurar não só defender a costa da Hispânia, mas também a própria Cartago, decidiu-se por uma estratégia que, até a atualidade, é considerada a mais audaz de toda a história bélica da Antiguidade. Propôs-se a levar a guerra ao coração mesmo de seu inimigo furioso, e dispôs seus exércitos para empreender a invasão. É claro que a operação era "impensada", uma vez que entre a Hispânia e a Roma havia nada mais nada menos que os Alpes, uma cadeia montanhosa que jamais havia sido atravessada por um exército de grandes proporções. A partir de então, as "defesas naturais" receberam uma atenção diferente dos grandes estrategistas militares e, como veremos, também os romanos aprenderão a lição e a utilizarão para seu proveito na Hispânia. Porém, não nos adiantaremos no curso dos acontecimentos.

Aníbal sabia que, apesar do poderio de seus barcos, entrar em batalha naval contra os romanos seria um erro. Por isso preservou as embarcações para proteger sua própria costa. Na imagem, uma moeda cartaginesa com uma nave de guerra.

Por ora, e já com as decisões tomadas, Aníbal movimentou suas peças com rapidez. Primeiro, tratou de ganhar o apoio das tropas ibéricas, que deviam acompanhá-lo na empresa fatigante e, por isso, concedeu-lhes a autorização de passar o inverno em suas próprias terras. Logo enviou, em segredo, mensagens a diversas tribos celtas, cujo território devia atravessar para chegar à Itália, com promessas e presentes para incentivar seu apoio. Além disso, os mensageiros deveriam voltar com indicações precisas sobre as regiões pelas quais o exército púnico deveria passar. Os resultados não tardaram a ser visíveis, e em breve muitos príncipes celtas enviaram a Aníbal embaixadores aceitando acordos de colaboração recíproca.

As coisas, então, marchavam bem para o púnico. Resolvido a empreender a campanha, restava se ocupar de sua retaguarda, já que era de esperar alguma resposta militar romana contra suas posições tanto na Hispânia como na África. Para se livrar desse perigo, organizou a presença de fortes contingentes de infantaria e cavalaria em ambas as regiões, tendo o cuidado de se assegurar da fidelidade mais completa de suas unidades. Reflexivo e experiente, Aníbal pensou na possibilidade de uma deserção em massa de hispanos e africanos que, era provável, diante de um ataque romano, poderiam se refugiar em seus próprios territórios. Para evitar essa eventualidade, Aníbal trocou o destino de uns e outros, enviando para o norte africano contingentes de iberos e para a Hispânia os africanos. Segundo Huss, Aníbal:

"... *transferiu 13.850 soldados de infantaria e 1.200 de cavalaria dos povos hispânicos, dos tersitas, mastienos, oretanos ibéricos e olcades – e além deles 870 baleares – para a África; a maior parte dessas unidades, para a chamada Metagonia da África, e uma parte menor, para a própria Cartago... Para a Espanha enviou 12.650 soldados de infantaria, ou seja 11.850 líbios, 300 ligures e 500 baleares, além de 450 libiofenícios, 300 lergetes e 1.800 cavaleiros númidas dos povos dos masilios, masesilios, dos macios e dos maurusios".*

Além disso, as tropas na Hispânia, cujo comando seria exercido por seu irmão Asdrúbal, foram fortalecidas com uma frota de 57 naves, ainda que um terço da mesma não tivesse tripulação.

A travessia dos Alpes

Convencido do sucesso de sua estratégia, Aníbal se pôs à frente de seus homens e iniciou a marcha. Era a primavera do ano de 218 a.C.

As características de seu exército eram mais ou menos as previsíveis, quer dizer, numerosa tropa de origem ibérica, procedente das tribos conquistadas, honderos baleares, africanos, e uma quantidade significativa de mercenários, principalmente celtas e gregos. A proporção destes era menor que a de outras campanhas púnicas, posto que, desde as conquistas de Amílcar e Asdrúbal, a presença de mercenários não era tão pronunciada. De todo modo, a heterogeneidade na composição dos exércitos púnicos era um dado visível, sobretudo pela origem étnica ou "nacional" dos combatentes.

A quantidade de efetivos com que Aníbal contava também é um dado confuso, que deu lugar a certas controvérsias. Alguns autores apontam um total de 50 mil a 70 mil infantes, e uns 12 mil cavaleiros, aos quais se somaram por volta de 50 elefantes de carga e ataque. Grimal, por outro lado, fala de 90 mil na infantaria e 9 mil na cavalaria, e só 38 elefantes. As diferenças, sobretudo na infantaria, não são menores, ainda que o mais provável é que seja produto de uma estimativa em diferentes momentos da campanha, isto é, quando Aníbal iniciou a marcha para os Alpes e quando, efetivamente, se encontrou em seu sopé, já disposto a escalá-lo. O certo é que Aníbal chegou aos Alpes com um exército não maior do que 60 mil homens, incluída a cavalaria.

Ficou para trás a travessia do Iberus, onde derrotou as tribos locais, deixando Hannon no comando de aproximadamente 11 mil homens e uns mil cavaleiros. Ficou para trás, também, a entrada na Gália, onde combateu as tribos aliadas à pró-romana Marselha. Ao contrário, não teve maiores obstáculos com os povos do Meiodia gaulês, cujos líderes convidou para uma conferência de paz, na qual os bajulou e encheu de presentes para garantir sua confiança.

Durante esse tempo, os problemas não foram poucos, e um dos sintomas mais eloquentes foi a baixa de combatentes, sobretudo quando uma quantidade significativa de efetivos *carpésios* – possivelmente ao redor de 3 mil – decidiu simplesmente abandonar Aníbal, quando ainda não tinham alcançado os Pirineus. A esses foram somados outros 7 mil iberos, que o próprio Aníbal resolveu licenciar, em virtude da pouca confiança que lhe inspiravam. O general cartaginês não fez nenhuma represália contra os desertores, mas a atitude assumida por esses coloca em dúvida o *sucesso* do púnico para atrair a fidelidade de, pelo menos, alguns dos povos conquistados.

Logo, Aníbal chegou ao Ródano, possivelmente em meados de outubro. Durante o caminho do curso fluvial, teve de enfrentar a resistência de algumas tribos celtas com quem não havia feito nenhum acordo, mas os colocou rapidamente em fuga. Mais importante foi um enfrentamento isolado com tropas romanas, o primeiro dessa campanha. O sucesso se desenvolveu depois de uma coincidência incrível: Aníbal, informado de que parte da frota romana havia chegado a uma das desembocaduras do rio, enviou uns 500 cavaleiros númidas com a missão de investigar sua posição. Públio Cornelio Cipião, comandante da frota, por seu lado, tinha ordenado a uma força de inspeção de 300 cavaleiros que fizesse o mesmo com o inimigo. Por coincidência, ambas as forças se encontraram na metade do caminho e, depois de se enfrentar brevemente, voltaram a suas posições originais, cada uma delas acreditando-se vitoriosa.

No fim do mês, Aníbal alcançou a confluência do Ródano com o rio Isère, no sopé dos Alpes. Essa região estava dominada pelos *alóbroges*, povo que na ocasião diluía sua liderança entre dois irmãos. Aníbal fez um acordo com Braneo, o mais velho deles, com a condição de que o ajudasse em sua empresa. Braneo cumpriu o pacto, inclusive acompanhando Aníbal quando este subiu parte do curso do Isère.

Pouco depois as tropas empreenderam a subida dos Alpes. Já na travessia da montanha, Aníbal continuou ajustando com as tribos locais pactos de não agressão, mediante uma divisão generosa de favores e a promessa de compartilhar, com não menor generosidade, parte do butim que conquistariam do outro lado das montanhas.

Era sua prioridade atravessar os Alpes o mais rapidamente possível, razão pela qual evitou os enfrentamentos e a hostilidade com quem frequentava o território de maneira habitual. Conhecedor da magnitude do esforço que seus homens realizavam, reservou a guerra só para enfrentar os romanos e apressou o passo. Enquanto isso teria de resolver, com sua decisão, outros problemas graves. Em primeiro lugar, a estreiteza de alguns caminhos tornava a marcha da tropa literalmente impossível e, muito mais, a dos elefantes e animais de carga. Os desmoronamentos eram contínuos e qualquer debandada de animais produzia uma autêntica catástrofe em vidas humanas e equipamentos, além do atraso considerável que representava. Aníbal teve de apelar para toda a sua criatividade para diminuir as perdas materiais e de tempo, criando pontes engenhosas para assegurar a passagem de seus homens, carros e animais. Contam inclusive que limpou caminhos obstruídos por grandes rochas, recorrendo a métodos singulares como o de aquecer pedras enormes até que ficassem vermelhas e jogar vinagre sobre elas, desfazendo-as pela ação química do calor. Cornelio Nepote aponta, em seu *Vidas*, que Aníbal preparou rotas para conseguir:

"... passar um elefante equipado por onde antes um só homem, inclusive sem armas, somente teria podido passar se arrastando".

Por outro lado, teve de apelar para todo o seu rigor de comando, já que a subida era tão difícil que as deserções eram diárias.

De qualquer maneira, o cansaço e o frio intenso dos cumes fizeram muitas vítimas, tanto entre os soldados como entre os animais de carga e, depois de nove dias de marcha forçada, o exército de Aníbal só conservava por volta de 25 mil homens, quer dizer, pouco mais de um terço de sua formação inicial.

Os especialistas concordam em não saber identificar exatamente por onde Aníbal conduziu suas tropas, ainda que a maioria se incline a apontar que o fez pelo Mont Genèvre. Desses altos cumes havia dedicado à sua tropa um discurso esperançoso, prometendo-lhes, em breve, a glória de vencer Roma:

"*Logo aí, a Itália!* – teria dito Aníbal a eles. – *São suas muralhas as que acabamos de passar. Muito em breve, o país estará em nossas mãos*".

Após a descida, e já em terra italiana, *boyanos* e *gauleses* receberam o exército de Aníbal amistosamente, permitindo o descanso reparador e o abastecimento de provisões. Em seguida, unindo suas forças, se prepararam para se bater contra o principal inimigo. Logo as notícias mais adversas para os romanos correriam com rapidez.

De Tesino a Trasimeno

Enquanto Aníbal marchava com dificuldade, mas em ritmo seguro, em direção à Itália, os romanos haviam aplicado sua estratégia. Acima de qualquer urgência, era imperioso para eles vencer o púnico em terras hispânicas. Para lá havia se dirigido P. Cornelio Cipião, que, depois de ter feito escala em Marselha, defrontou-se com a ingrata surpresa de que seu inimigo havia marchado para invadir seus próprios territórios. Enganado por seu adversário, Cornelio Cipião enviou para a Hispânia parte de suas tropas, enquanto ele mesmo desembarcou na região do delta do Ródano para continuar, em ritmo forçado, subindo o rio pela margem esquerda, com a intenção de interceptar Aníbal. Todavia, seus esforços serão em vão, já que aquele tinha ganhado muita vantagem e a empresa, a essa altura, com certeza era irrealista. Decidiu então voltar de imediato para a Itália, por via marítima, tentando recuperar o tempo perdido. Acreditava com firmeza que, desse modo, poderia alcançar o púnico do outro lado dos Alpes.

No início, a vantagem da estratégia estava em mãos de Aníbal que, com sua ousada travessia pelos Alpes, tinha frustrado os planos romanos. Iniciava-se uma invasão ao Império que ninguém acreditava ser possível, e todas as elaborações estratégicas da Loba haviam se desvanecido de forma instantânea.

Cornelio Cipião desembarcou em Pisa e empreendeu uma marcha imediata através dos Apeninos até a Cisalpina, onde a situação romana era, sem dúvida, instável. *Insubros* e *boios* haviam se sublevado contra Roma e espionavam Modena. Embora Cornelio Cipião tenha restabelecido o domínio romano com rapidez, ficava claro que os *gauleses cisalpinos* só esperavam a chegada de Aníbal para empreender uma nova ofensiva. O equilíbrio era crítico e a instabilidade crescente. Tal era o temor romano que as forças concentradas na Sicília receberam a ordem urgente de se dirigir para a planície do Pó, para deter a invasão púnica.

Nesse ponto, Cornelio Cipião saiu ao encontro de Aníbal e, depois de ter atravessado o rio Tesino, que desemboca no Pó, ao norte, bateu-se com ele. Suas forças eram muito superiores em quantidade em relação às de Aníbal, chegando a contar com uns 300 mil soldados e 14 mil cavaleiros. Apesar disso, a sorte esteve do lado do general cartaginês, cuja cavalaria númida sobrepujou os romanos. O próprio Cornelio Cipião ficou ferido no confronto e só graças à intervenção oportuna de seu filho – que, no futuro, se transformaria em um autêntico pesadelo para os Barca – salvou sua vida. Logo desistiu de mobilizar sua infantaria e, deixando um embaralhado de mortos e equipamentos, retirou-se para Piacenza, para reagrupar-se. Entretanto, Aníbal seguiu seus passos, reforçado pelas hostes gaulesas. Por

Públio Cornelio Cipião, general romano que deu a seu Império vitórias massacrantes. Pela vitória alcançada contra Aníbal, apelidaram-no "O Africano".

fim, ambas as forças acamparam em expectativa, cada uma de um lado do Trebia, rio que desemboca no Pó, vindo do sul.

Cornelio Cipião aguardava ansioso a chegada dos reforços da Sicília, comandados por Semprônio Longo. É provável que Aníbal também os esperasse, para enfrentá-los em uma batalha definitiva, que daria ao vencedor o controle total da Gália Cisalpina. Pouco depois, a espera terminou. Por fim, os exércitos romanos se reuniram e Aníbal, com mais experiência militar, mais uma vez, alcançou a vitória.

De acordo com a opinião de alguns autores, Aníbal não subestimava a capacidade de comando de seus adversários. Respeitava Cornelio Cipião, a quem considerava um militar reflexivo e judicioso, ao mesmo tempo que conhecia o caráter impulsivo de Semprônio Longo. Como o comando era compartilhado meio dia para cada, foi dito que Aníbal aguardou que a chefia recaísse neste último, para armar contra ele uma armadilha fatal. De concreto, o cartaginês apelou para uma estratégia comum em suas campanhas, fazendo crer ao inimigo que os púnicos evitavam o confronto por causa do estado de inferioridade e esperando, pacientemente, que os romanos, provocados e incitados a um triunfo seguro, marchassem contra ele. O que não sabiam seus inimigos era que eles eram aguardados pela temível cavalaria númida, que costumava arrasar qualquer força que a ela se interpusesse, por mais que fosse numericamente muito superior.

Com essa estratégia em sua mente, quando o comando passou para Semprônio Longo, Aníbal ativou a armadilha enviando um pequeno número de cavaleiros para hostilizar o acampamento romano e empreender uma rápida fuga. Um convite para que fossem perseguidos. Enquanto isso, seu irmão mais novo, Magon, aguardava – com mil infantes e outros mil cavaleiros númidas escondidos –, por quem os romanos passaram incautos.

Semprônio Longo, tal como esperava Aníbal, entusiasmou-se com o recuo dos atacantes e decidiu ir atrás deles até o acampamento de seu chefe. Ansioso pela vitória e sua glória, mobilizou seus homens sem demora, em um número superior a 30 mil. O plano de Aníbal deu os resultados pretendidos: as legiões seguiram a cavalaria númida e atravessaram o rio Trebia, alcançando a margem completamente ensopadas e geladas pelo frio da água quase congelada.

Diante de tais circunstâncias, chegou a hora do general cartaginês, que lançou contra os romanos o grosso de sua cavalaria, alerta e completamente seca, enquanto Magon saía de seu esconderijo para atacar pela retaguarda.

O que se seguiu foi um autêntico massacre. Os romanos que puderam fugir tiveram de atravessar mais uma vez as águas do rio e, em virtude de suas condições, muitos morreram afogados. Apenas uns 10 mil homens conseguiram escapar batendo em retirada, primeiro para Piacenza e depois para Cremona, agora sob o comando de Cornelio Cipião. Semprônio Longo, por sua vez, fugiu com apenas 50 legionários para Roma, onde chegou em dezembro, com a pior das notícias: a Gália Cisalpina, aquela que Roma havia posto sob seu controle só quatro anos antes, tinha sido perdida.

Após suas primeiras vitórias massacrantes, Aníbal decidiu dar um respiro a suas tropas, que descansaram na Gália Cisalpina sob controle. Era sua intenção deixar que o inverno rigoroso passasse, enquanto estabelecia um cronograma atualizado de conquistas e reforçava seus exércitos com novos recrutas, principalmente entre as populações que foi tomando em seu caminho.

Com a primavera, colocaria seu exército experiente em movimento, mais uma vez. Agora, Roma era o objetivo mais prezado.

Em poucos meses, Aníbal se dirigiu aos Apeninos, de onde se abria uma rota direta para Roma. A região estava povoada por gauleses, cuja relação com Roma era bem conflituosa, razão pela qual essa região proporcionava um acesso sem maiores inconvenientes, salvo, claro, os que representavam uma geografia hostil, coalhada de pântanos que tornavam a caminhada de homens e bestas cansativa.

É provável que Aníbal não tenha desprezado esses aspectos, mas, tendo consciência de que seus melhores homens conseguiram atravessar os Alpes, dificilmente poderia temer essa nova empresa forçosa.

Enquanto isso, os romanos não desanimaram muito por suas sucessivas derrotas e elaboraram um plano para deter o púnico. Não havia tempo a ser perdido em lamentações e censuras. Roma, o berço do Império, estava em perigo e todas as forças e inteligências se puseram a serviço de sua defesa. De imediato, enviaram Cipião novamente para a Hispânia, para manter um estado de pressão e beligerância contra os púnicos que guardavam a retaguarda de Aníbal. Depois se concentraram em compor as forças em seu próprio território: foram enviados efetivos à Sicília e Sardenha, organizaram forças aliadas e apressaram-se os depósitos significativos de provisões. Além disso, o recrutamento de legionários e os exércitos foram reconstruídos. Um deles, a cargo do cônsul Cornelio Servilio, ocupou a região de

Rimini, bloqueando a Via Flamínia, a mais direta para Roma. O outro exército se estabeleceu em Arezzo, a cargo de C. Flamínio, com um total de 25 mil homens. A suas costas, Semprônio Longo atravessou os Apeninos com os sobreviventes de seu exército anterior, alojados em Piacenza e Cremona.

O plano romano, em princípio, compreendia o reagrupamento de forças para atacar em conjunto. Porém, talvez por inexperiência, C. Flamínio, tão logo recebeu a notícia da proximidade de Aníbal, apressou-se em intervir. Inicialmente, aferrou-se ao plano original de aguardar a união dos exércitos, mas, quando Aníbal começou a provocá-lo, incendiando tudo ao seu redor, C. Flamínio decidiu sair ao seu encontro.

As consequências de tanta impaciência foram fatais. Aníbal, a par dos movimentos do inimigo, atraiu-o com uma manobra hábil, já que, evitando uma batalha frontal, assegurou-se de que seu inimigo ficasse confiante, enquanto, na verdade, o conduzia para uma planície às margens do lago Trasimeno, rodeado de colinas e de bosques onde a cavalaria púnica aguardava expectante. Finalmente, C. Flamínio caiu na armadilha; quando se deu conta dela, já era tarde demais.

Com efeito, Aníbal alcançou o lago ao entardecer; Flamínio, pouco depois, e ambos os grupos se dedicaram a vigiar as armas, dispostos a saldar suas contas no campo de batalha no dia seguinte. Mas, ao amanhecer de 21 de junho de 217 a.C., Aníbal levantou seu acampamento rapidamente e foi embora. Quando Flamínio foi informado, acreditou que seu adversário se esquivava do combate e ordenou que todo o exército romano o perseguisse.

A estratégia, mais uma vez, deu o resultado esperado. Os romanos empreenderam a marcha, sem notar que, atrás de uma grossa neblina que rodeava o lago, se encontrava todo o exército cartaginês, o qual, à ordem de seu chefe, se fechou em volta das legiões surpresas.

O que aconteceu, em um primeiro momento, foi um novo e autêntico extermínio: as perdas romanas chegaram a 15 mil mortos e 10 mil prisioneiros, ou seja, quase todas as suas forças. Os cartagineses, por seu lado, somaram 2.500 mortos, uma perda relativamente baixa em comparação com o que foi conquistado. Todos os prisioneiros não romanos, como era o costume de Aníbal, foram liberados sem o pagamento de resgate.

Para piorar, a cavalaria romana, que teria de se unir a Flamínio, entrou na confusão e também foi virtualmente aniquilada, perdendo mais da metade de seus 4 mil homens quando as tropas comandadas por Aníbal e a cavalaria de Maharbal os atacaram sem piedade. Os que puderam salvar sua vida se entrincheiraram em Úmbria, mas no dia seguinte foram feitos prisioneiros.

C. Flamínio acabou morto, segundo parece por um cavaleiro ínsubro. Dessa maneira, na última semana de junho de 217 a.C., Roma recebeu a notícia trágica que o pretor Marco Pomponio comunicou no Foro: *"Fomos derrotados em uma grande batalha"*.

Aníbal, o púnico, mais uma vez, havia derrotado as legiões resplandecentes. As correntes que, segundo relatos, C. Flamínio havia levado para fazer o grande cartaginês prisioneiro ficaram, por enquanto, sem uso.

Como não poderia ser de outra maneira, o pior dos presságios sobrevoou o Senado romano.

Entretanto, quando tudo fazia prever que Aníbal marcharia sobre Roma, mais uma vez, o curso dos acontecimentos se mostrou matreiro diante dos analistas. Aníbal se moveu para o Piceno. De modo imprevisto, Roma havia ficado fora de seus objetivos imediatos. O que aconteceu para que o cartaginês, vencedor em todos os combates contra os romanos até o momento, mudasse de estratégia?

As vitórias de Aníbal também tinham tido seu custo. Seus homens estavam esgotados, padeciam de escorbuto e boa parte de suas cavalgaduras se via afetada pela sarna. Além disso, a capacidade de captação e recrutamento do cartaginês continuava sendo menor que a de seus inimigos furiosos. As campanhas representavam, para um grupo e outro, uma sangria significativa de soldados, equipamentos e recursos, carência que os púnicos padeciam com menor capacidade de restabelecimento.

Quando Aníbal, em sua marcha triunfal, atravessou a região da Etruria, ao norte de Roma, confirmou cada um desses pressupostos. De fato, a população que encontrou não estava tão disposta para ele quanto os gauleses cisalpinos, e suas incursões foram amortecidas por uma resistência furiosa que o debilitou muito. De fato, foi rechaçado de Espoleto, com enormes perdas. Tito Lívio expressou com maestria uma das possíveis conclusões que Aníbal extraiu na ocasião:

"... Imaginou, pela energia com que o havia enfrentado vitoriosamente uma única colônia, a enorme quantidade de dificuldades que encontraria em Roma".

Não importa como aconteceu, o fato é que os exércitos de Aníbal se viram reduzidos em número, além de que homens e cavalos estavam muito fatigados pela campanha extenuante. Ele já não tinha elefantes, ou apenas alguns. Inclusive, o próprio Aníbal, que havia perdido um olho recentemente, encontrava-se enfermo e padecia de uma doença aguda. Também na Toscana e na Úmbria, recebeu mais hostilidade que reconhecimento libertador e seus problemas de abastecimento não foram resolvidos por completo, apesar de ter criado medidas para conquistar a população dos territórios que atravessava como, por exemplo, deixar em liberdade os prisioneiros romanos. Para piorar, as deserções começaram a constituir uma tendência perigosa, em especial entre os aliados gauleses; a ajuda solicitada a Cartago não se concretizava e seu irmão Asdrúbal, estabelecido na Hispânia, pouco podia fazer para ajudá-lo, uma vez que a ameaça romana de atacar na península ibérica continuava latente. Aguardar um momento de recuperação própria parecia o mais oportuno e Aníbal decidiu fazer isso.

Um ditador contra Aníbal

O Senado romano respirou aliviado com a determinação do cartaginês de evitar um ataque direto e frontal contra Roma. Também eles precisavam de tempo para reorganizar as defesas e armar uma estratégia que lhes devolvesse a iniciativa.

Primeiro decidiram destruir todas as pontes sobre o Tiber e nomear um só chefe, com o cargo de Ditador, para comandar a difícil situação. A medida tomada tinha como característica ser extraordinária e incomum, pelo menos nos últimos 30 anos. Em geral, o Senado não gostava de concentrar todo o poder em uma só pessoa, mas nesse caso se viu forçado a fazê-lo. O ditador era nomeado pelo cônsul, mas nessa oportunidade isso também não era possível: o cônsul Flamínio estava morto, e seu outro colega se encontrava longe de Roma. O Senado, então, teve de fazer uma eleição, que recaiu sobre um candidato da aristocracia, o nobre Quinto Fábio Máximo, neto do general que havia derrotado os gauleses 80 anos antes.

O Senado romano, obrigado a decidir contra o relógio, escolheu centralizar o poder militar nas mãos de uma só pessoa: Quinto Fábio Máximo.

Quando isso aconteceu, Quinto Fábio Máximo tinha 58 anos e acumulava uma rica experiência política e militar. Antes de sua eleição, tinha sido duas vezes cônsul, em 233 a.C. e cinco anos mais tarde; ocupou também o cargo de censor no ano de 230 a.C. O apelativo "Máximo" ele havia herdado de seu avô, que o conseguira depois de vencer os *samnitas*, e como bem assinala Goldsworthy:

"*A família adotou esse nome para sempre, pois a aristocracia senatorial não deixava escapar nenhuma oportunidade de comemorar, de maneira pública, os grandes fatos de seus antepassados e de proporcionar o sucesso eleitoral da geração do momento e das futuras*".

Quinto Fábio Máximo, além disso, era um homem profundamente religioso e, antes de tudo, dedicou boa parte dos esforços para realizar rituais que garantissem o sucesso de sua campanha; consultou os Livros Sibilinos e realizou cerimônias para ganhar o favor dos deuses.

O Ditador deveria ser acompanhado por um ajudante que, na ocasião, era o chefe de sua Cavalaria, sob o cargo de *magister equitum*. Era habitual que o próprio Ditador o elegesse, mas, também, dessa vez, as coisas foram diferentes e foi o Senado que tomou a seu cargo a designação. A mesma recaiu sobre Marco Minúcio Rufo, que no ano de 221 a.C. já havia conhecido as responsabilidades consulares.

Com um comando renovado, único e forte, Roma se preparou para o contragolpe.

Enquanto isso, Aníbal havia retomado a marcha, dessa vez em direção à costa do Adriático, onde tentou a adesão das populações contra Roma. Por fim, estabeleceu-se em Sulmona, localidade que permitia a ele incursionar tanto para o leste quanto para o oeste.

Quinto Fábio Máximo, então, preparou-se para seguir de perto os exércitos púnicos – em geral a um ou dois dias de marcha de seu rival –, evitando se apresentar para uma batalha definitiva, mas sem deixar de fustigá-lo em cada um de seus flancos, quando a ocasião era propícia. Essa tática era sumamente produtiva para o Ditador, uma vez que, por um lado, permitia a seus homens mais novos adquirir uma experiência de combate necessária e, por outro lado, por menores que fossem as vitórias, tudo servia para aumentar o moral das tropas que, como era de prever, os triunfos massacrantes de Aníbal tinham deixado muito abatidas para um exército em ação.

A intenção imediata de Fábio era deixar o tempo passar, acumular experiência, força e moral combativa, enquanto impedia que seu inimigo recebesse abastecimento de provisões e homens, submetendo-o a uma espécie de sítio ambulante. Confiava, naquele momento, que a falta de recursos havia criado uma cisão no exército cartaginês. De alguma maneira, a estratégia de Quinto Fábio Máximo era de certa inação ativa, razão pela qual ficou conhecido rapidamente como o *Cunctactor*, "o que dilata". Sua estratégia incluía reforçar as guarnições de seus aliados, o que redundava em maiores dificuldades para Aníbal, para quem não era mais tão simples tomar as provisões armazenadas nas cidadelas pró-romanas. A tática teve sucesso completo, já que nenhuma cidade aliada de Roma abandonou a aliança com ela.

A situação inquietou o púnico, já que o estado de coisas não se definia e, efetivamente, a passagem do tempo conspirava contra suas aspirações. Para romper o equilíbrio, Aníbal procurou realizar uma expedição exemplar contra a Campânia, tentando encontrar ali povos decididos a se unir a ele.

Até então, embora os romanos não tivessem obtido nenhuma vitória rutilante, tampouco haviam sido vencidos de novo e, definitivamente, a iniciativa cartaginesa se encontrava em um tipo de paralisia, de estancamento, sem conseguir concretizar nenhuma ação.

Nos inícios do ano 216 a.C., Aníbal mobilizou suas tropas mais uma vez em direção ao sul, arrasando o território samnita, em Benevento e Telese, sempre seguido de perto por Quinto Fábio Máximo, que evitou cair na tentação de enfrentá-lo.

A aproximação do inverno preocupava Aníbal, a essa altura necessitando muito de provisões para os duros meses vindouros e, em uma nova tentativa de forçar um enfrentamento definitivo, deu ordens para incendiarem as terras de cultivo e propriedades agrícolas nas proximidades de Cápua. Tomou cuidado, além disso, para que as propriedades de Quinto Fábio Máximo não fossem violadas nem prejudicadas, com a intenção de desprestigiar o ditador romano diante dos olhos dos camponeses da região. Essa tática implicava, de fato, uma "inteligência" ativa do exército cartaginês que, além disso, costumava infiltrar espiões adestrados nos territórios a serem conquistados.

Mas Aníbal estava diante de um general reflexivo e astuto e cada um de seus estratagemas se tornava um fracasso. Sem provisões nem apoio regional e diante de um inverno dos mais rigorosos, só restava sair da Campânia. O general romano logo ficou sabendo de seus planos e então julgou oportuno emboscá-lo e enfrentá-lo em batalha.

O lugar indicado como campo de batalha era perto de Cales. Ali, Quinto Fábio Máximo dividiu suas forças, deixando uns 4 mil homens para proteger os desfiladeiros, alocando o grosso do exército em um monte próximo, de onde podia dominar a entrada do mesmo. O romano sabia que, em um lugar elevado, ficaria em melhor posição contra a cavalaria númida de Aníbal, imbatível em terreno plano.

Seguiu-se uma partida intensa de estratégias, táticas e audácia.

Aníbal previu o movimento que o inimigo estava realizando e, então, imaginou uma maneira fantástica de sair incólume da cilada romana, com certeza recordando uma estratégia similar, mas que teve como alvo seu próprio pai, justamente no episódio que havia lhe custado a vida.

Primeiro reuniu uns 2 mil bois, aos quais fez atarem feixes de ramos secos nos chifres; depois os levou para os cumes que dominavam a passagem e fez a formação de seus homens atrás dos animais; entre as bestas colocou muitos soldados de infantaria mais experientes, com a missão de manter os animais em ordem. Assim alinhou em ordem de aparição a infantaria ligeira, a infantaria pesada, a cavalaria e os aliados hispânicos e gauleses. Dispostos dessa forma aguardaram em silêncio, durante a noite. Finalmente, pouco antes do amanhecer, os ramos secos atados aos chifres dos bois foram acesos e os animais desabalaram em uma corrida violenta e impensável.

Estela funerária usada pelos cartagineses. Nela se pode ver talhada a figura de um elefante. Os elefantes foram poderosas armas de combate empregadas pelos cartagineses, e foi Aníbal quem se aproveitou da função intimidante que tinham esses animais.

Quando os romanos viram semelhante espetáculo de longe, confundidos pela noite, a fumaça das tochas e a nuvem de poeira que as bestas levantavam em sua investida, acreditaram que quem fugia era o exército púnico e por isso saíram apressados para interceptá-los. É claro que se encontraram diante de um ataque tremendo que, rapidamente, colocou as disciplinadas legiões em uma confusão e uma fuga desesperadoras, visto que, ao mesmo tempo, eram atacados pela infantaria ligeira de Aníbal, os gauleses e os hispânicos, sofrendo imensas perdas.

Enquanto isso, o grosso do exército de Aníbal atravessava a passagem, escapando intacto do cerco romano. A inteligência de Aníbal, mais uma vez, havia demonstrado sua colossal dimensão e Quinto Fábio Máximo ficou humilhado.

Nesse mesmo ano (216 a.C.), uma nova mudança na direção política e militar romana traria consequências graves para o Império invadido. De acordo com alguns senadores, Quinto Fábio Máximo abusava da paciência, e se irritavam com sua estratégia, que tachavam, sem mais delongas, de covarde e evasiva. A oposição belicista manteve sua ofensiva contra Quinto Fábio Máximo e um fato surgiu para legitimar suas reclamações por mais ação.

O ditador romano teve de voltar para a cidade com urgência, é provável que para atender pessoalmente à conspiração em curso contra ele, ainda que alguns autores se refiram a determinados serviços religiosos que precisavam de sua presença em Roma; tratando-se de um homem religioso como ele, a hipótese é crível. O que quer que tenha sido, o certo é que o comando militar no teatro de operações ficou nas mãos de Marco Minúcio Rufo, com quem, ao que parece, o ditador não concordava na condução das questões militares. Quinto Fábio Máximo, então, recomendou-lhe manter a estratégia de não aceitar provocações; mas não sabia até onde suas ordens seriam cumpridas. De fato, Minúcio Rufo tinha seus próprios planos e, inclinado a entrar em combate, pouco considerou a sugestão do chefe.

Na ocasião, Aníbal atacou Gerunio e Luceria, no norte da Abulia, cidades onde existiam depósitos de grãos e provisões em abundância. Depois de um breve sítio, as fortalezas caíram nas mãos do púnico, tendo suas populações massacradas.

Quando Minúcio Rufo ficou sabendo das operações de Aníbal, dispôs-se a marchar com as legiões para a região, onde, por fim, poderia entrar em batalha. Quando, enfim, chegou, Minúcio Rufo espalhou suas tropas, uma vez que enviou a cavalaria contra os cartagineses, que se encontravam em plena tarefa de juntar forragens. Aníbal, surpreendido pelo contra-ataque romano, conseguiu, com muito esforço, contê-lo e só graças à intervenção oportuna de reforços pôde sustentar sua posição e não debandar-se derrotado. Com a situação nesse ponto, Minúcio Rufo se retirou de campo. Podia sentir-se satisfeito: tinha enfrentado o terror de Roma, ocasionando numerosas baixas a ele.

A notícia correu a península rapidamente e chegou a Roma, onde despertou a admiração mais absoluta, ainda mais que haviam sido distorcidas, por completo, a dimensão do combate e a validade da vitória romana. A Loba precisava de boas notícias para infundir ânimo a cidadãos e tropas, e não ignorou a oportunidade apresentada.

A crônica dos acontecimentos inspirou os belicistas como não acontecia há tempos. De alguma maneira, ficava demonstrado para eles que era possível enfrentar Aníbal com sucesso e que as medidas cautelosas de Quinto Fábio Máximo já não tinham razão de ser. A oposição, então, cresceu a seu gosto e, sem demora, impôs uma mudança relevante, na tentativa de derrubar Quinto Fábio Máximo.

Minúcio Rufo também foi nomeado ditador, com a mesma hierarquia que aquele, fazendo com que o exército romano contasse a partir de então com dois comandos, com certeza, de estratégias diferentes. Tal era a dessemelhança entre os dois chefes que terminaram por dividir suas forças, acampando, separadamente, a uns dois quilômetros de distância entre si.

É evidente que nada disso foi considerado secundário por Aníbal, que gostava de descobrir as fissuras de seus inimigos antes de tomar uma iniciativa.

Disposto a dar uma lição ao adversário imprudente e vingar o contra-ataque lançado em Gerunio, Aníbal o atraiu a um cilada mortal. Especialista em emboscadas, e nas artes do engano, primeiro ocupou uma colina próxima ao acampamento de Minúcio Rufo, onde ocultou vários grupos: uns 5 mil soldados da infantaria ligeira e 500 cavaleiros. Mais tarde, ao amanhecer do dia seguinte, Aníbal enviou seus homens para procurar forragem para os animais, em uma manobra que só tinha a intenção de ser percebida pelos romanos, provocando-os a atacar. Minúcio Rufo, animado por seu pífio triunfo anterior, entusiasmou-se e sem tomar as precauções devidas enviou sua infantaria ligeira para desalojar os cartagineses. Em seguida, mandou a cavalaria e, por último, foi ele mesmo e a infantaria pesada.

A tática de Aníbal deu o resultado previsto, mais uma vez (é claro que, como já tinha acontecido em outras ocasiões, ajudado pela incompetência do comando romano ou, pelo menos, de parte dele).

A batalha foi curta e cruel. Aníbal atacou com sua cavalaria, dobrando a infantaria ligeira romana. Minúcio Rufo só pôde escapar de uma matança absoluta graças à providencial aparição de Quinto Fábio Máximo, que acudiu com suas tropas, evitando o extermínio das legiões romanas atacadas.

A derrota de Minúcio Rufo voltou a pôr em xeque a estratégia belicista de alguns setores do Senado romano, mas o tempo tinha passado e o prazo de comando de Quinto Fábio Máximo chegava a seu termo. O ditador deixava seu posto e voltava a Roma com resultados nada desprezíveis: sob sua condução, Roma não havia perdido nenhuma grande batalha e, paulatinamente, suas forças se recompuseram. Mas a sorte voltaria a mudar e, em breve, não poucos sentiriam

Escultura de um guerreiro gaulês. Aliados aos cartagineses, os gauleses contribuíram para engrossar as forças de Aníbal. A política de alianças com os povos enfrentados ou subjugados por Roma constituiu uma tática bélica permanente, levada a cabo pelo general cartaginês ao longo de todo o período das Guerras Púnicas, que o tiveram como protagonista.

saudades das diretivas do chefe que estava saindo. Rufo também perdeu seu posto.

    A mudança de comando pôs à frente dos exércitos romanos dois homens que reuniam quase as mesmas características dos que saíam de seus cargos: o cônsul Lúcio Emílio Paulo e o cônsul Caio Terêncio Varrão. O primeiro era um aristocrata cauteloso, mais próximo da política elaborada por Quinto Fábio Máximo que a dos setores militarmente favoráveis ao enfrentamento. Varrão, pelo contrário, era um general plebeu e, de acordo com as opiniões de seus contemporâneos, tão patriota e entusiasta como imprudente e apressado, talvez com maior sintonia com o já conhecido Flamínio e o próprio Minúcio Rufo. Como aqueles, seria Varrão o maior responsável pela tragédia romana que se aproximava, nos campos de Canas, em uma batalha quase definitiva, na qual as legiões romanas serão aniquiladas.

CAPÍTULO VI

CANAS: OS EXÉRCITOS EM BATALHA

Já demos numerosos dados sobre os exércitos romanos e púnicos. Entretanto, é conveniente, pelos graves acontecimentos que se aproximam no relato, sistematizar alguns aspectos. Não existe dúvida de que o exército romano havia evoluído a ponto de ser um dos mais vitoriosos, ainda que, com certeza, suas experiências recentes com os púnicos não davam credibilidade a esse balanço. Mas, pelo menos até enfrentar Aníbal, o desenvolvimento das legiões tinha dado excelentes resultados.

É de supor que, até o século VIII a.C., os etruscos, estabelecidos ao norte do rio Tiber, na Toscana atual, realizaram sua primeira grande mudança tática na forma de combate, adotando desde então a "falange de hoplitas", utilizada com resultados tão bons pelos gregos.

Durante o reinado de Lúcio Tarquínio – segundo a tradição, o quinto dos reis de Roma (616-578 a.C.) –, o exército era integrado por três contingentes: um de etruscos, outro de romanos e, finalmente, o terceiro de latinos. Mais tarde, com o monarca etrusco Sérvio Túlio, sexto rei de Roma, o exército foi organizado a partir de um censo quinquenal, que estabelecia a população apta para o serviço militar. Desde essa época, foram concebidas seis classes de integrantes, sempre de acordo com sua fortuna. A primeira fornecia homens para a infantaria política que, em virtude de sua disponibilidade de dinheiro, podiam contar com armamentos e defesas completas: capacete, couraça, escudo, espada e lança; em seguida, de forma decrescente, as outras classes eram listadas, sendo a última formada pelos despossuídos, os que em sua maioria não tinham equipamentos adequados. A cavalaria, por sua parte, era formada pelos cidadãos mais abastados e de famílias patrícias, razão pela qual era a arma com menor número de integrantes.

A característica mais notável desse tipo de exército era sua pouca capacidade de manobra, ainda que, com certeza, tenha sido útil para Roma em sua luta de subsistência ao longo do século VI a.C., como também para consolidar sua posição predominante, durante o século seguinte. Apesar disso, demonstrou seus limites e ineficácia no século IV a.C., quando a violenta invasão celta na Itália setentrional e central teve como resultado, enfim, o incêndio de Roma no ano de 390 a.C., provocando o fim da hegemonia romana na região. A crise estimulou numerosos movimentos separatistas, como a sublevação da Etruria meridional, ao sul; a reação dos *volscos*, a leste; a reação dos *hérnicos*; e os deslocamentos no interior da confederação latina, como as de Tibur e Preneste.

A sucessão de conflitos políticos descambou em crise militar, e os romanos começaram a restabelecer sua hegemonia na Itália central baseando-se em dois novos pilares: a fortificação defensiva de Roma e sua reorganização militar, sobretudo a partir da batalha de Allia (390 a.C.), na qual os romanos foram derrotados pelo combate ofensivo e móvel dos gauleses, que puseram as legiões em fuga.

Em meados do século IV a.C., uma série de reformas nas táticas e nos armamentos das milícias latinas foi imposta. A principal reforma que o exército implantou, na ocasião, foi a mudança da falange herdada dos etruscos pela formação de *esquadrão*, que possibilitava à legião uma flexibilidade maior, já que as divisões se encontravam separadas por intervalos, o que lhes permitia operar de forma autônoma tanto em ações ofensivas como em retiradas velozes e oportunas. Essa tática de frente descontínua já foi utilizada, segundo Políbio, no ano 206 a.C., durante a batalha de Ilipa, na Hispânia, em que, possivelmente, pela primeira vez, se efetuou a combinação de três divisões em forma de colunas, formando uma *cohorte* [décima parte de uma legião]. A partir do século II a.C., a nova formação seria adotada com maior frequência.

Outra das inovações táticas implementadas consistiu no lançamento do *pilum* (pilo) de forma sucessiva, em lugar de jogar simultaneamente, como era tradicional. O ditador Sulpicio havia notado que o resultado era de uma eficácia sem comparação. Essas inovações se deveram, em primeiro lugar, a Camilo e aos generais formados em sua escola, como T. Mânlio Torquato, M. Valério Corvo, C. Márcio Rutilo e C. Sulpicio.

Ao longo do século IV a.C., Roma se recompôs à custa de uma política expansionista e agressiva e até meados do século seguinte dominava um território de aproximadamente 6 mil quilômetros quadrados. Bem depressa, a concentração populacional significativa e os recursos abundantes a transformaram na principal potência da Itália central.

As reformas no exército e na arte da guerra continuaram a se aperfeiçoar na marcha de enfrentamentos contínuos com os povos vizinhos, sendo especialmente importantes as inovações na arte da manobra de envolvimento e da manobra por linhas interiores. A primeira foi utilizada com sucesso contra os *samnitas,* na campanha de Apúlia (320-317 a.C.); a segunda foi posta em prática durante o ano de 312 a.C., quando a formação da primeira coalisão itálica contra Roma obrigou seu exército a combater em duas frentes: uma defensiva, ao sul, e outra ofensiva, ao norte. Os movimentos pelas linhas interiores permitiram aos romanos descarregar todo o seu poder sobre a frente mais vulnerável e, depois de uma manobra hábil de evasão, realizada pelos cônsules C. Fúlvio e L. Postúmio Metelo, as legiões conseguiram dividir a aliança formada pelos *etruscos, úmbrios, gauleses* e *samnitas,* vencendo por completo esses dois últimos povos na batalha de Sentinum (295 a.C.).

Durante o ano de 280 a.C., o poder de Roma se estendeu ainda mais, cobrindo agora uma superfície de 82 mil quilômetros quadrados, ou seja, quase três quartos da Itália peninsular, com exceção apenas de Brutium e da Magna Grécia, ao sul.

Mas a tática de combate não era a única particularidade do exército romano. Havia outra que, por sua singularidade, dava a ele uma coesão fundamental na hora do chamado para a guerra: sua formação cidadã. De fato, o exército era integrado por cidadãos proprietários de terras, a quem se recorria para a defesa do Estado. Em termos gerais, o exército romano não era um corpo profissional, mas uma confluência de cidadãos que serviam a seu Estado ocasionalmente e de forma obrigatória. Era, então, um exército de recrutas cujo serviço poderia se prolongar voluntariamente, mas sempre disposto a ser interrompido em virtude do licenciamento proposto pelo Senado, em vista do inconveniente de manter as legiões em tempos de paz prolongada. De todo modo, o Senado podia convocar novamente o recrutamento se acreditasse necessário, dando ao exército romano sua característica de não permanente e sujeito – de acordo com as circunstâncias – a se organizar uma vez ou outra. É evidente que essa modalidade lhe conferia características singulares: por um lado, suas fileiras sempre

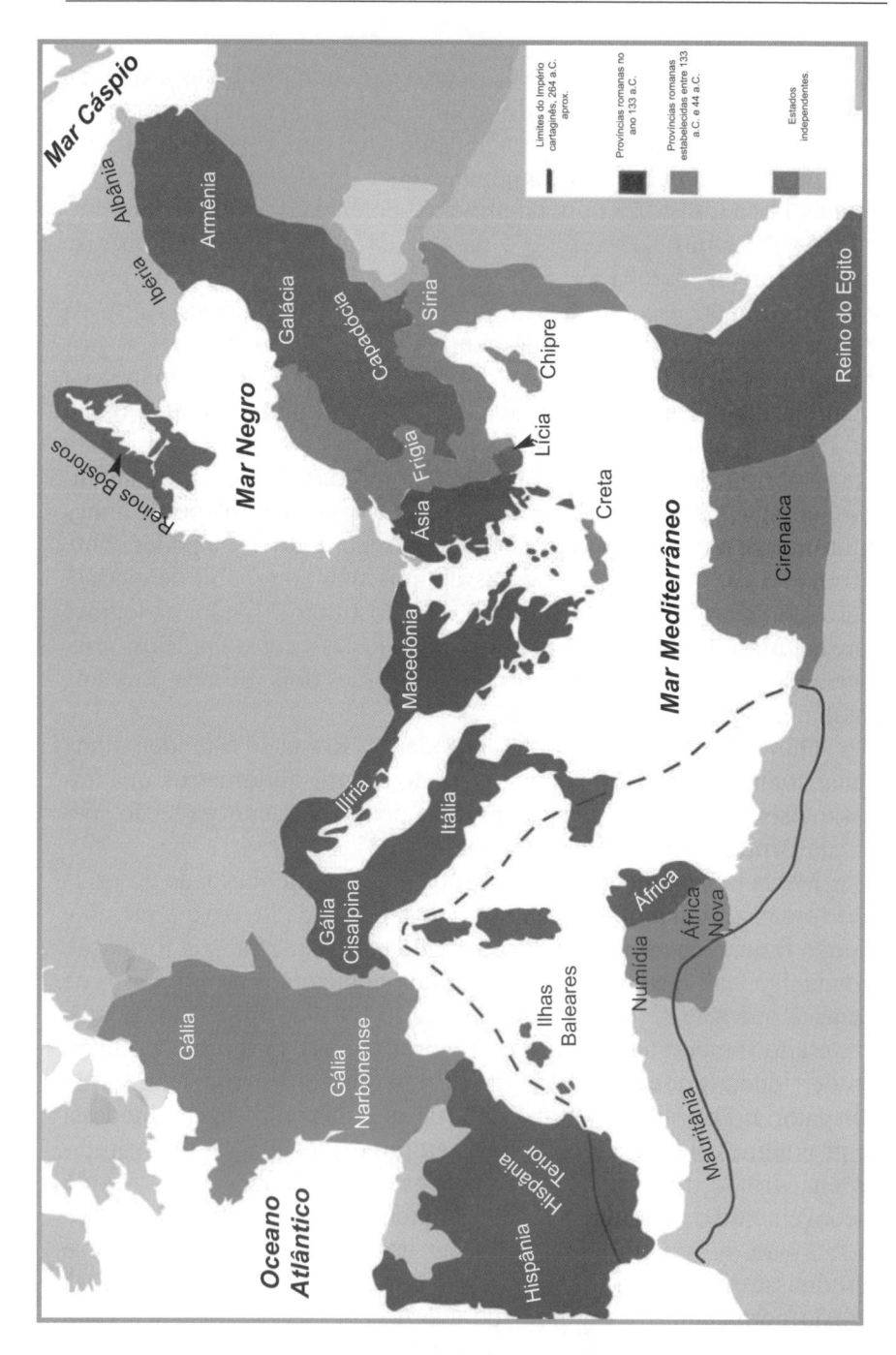

*Mapa ilustrativo dos domínios romanos
e cartagineses no século II a.C.*

estavam cheias de soldados inexperientes, sobretudo a infantaria; por outro lado, dotava o governo político de uma enorme capacidade de organização para responder, em tempo e forma, segundo as artes da mobilização e desmobilização geral das tropas, além de uma economia de recursos prática.

De fato, em tempos de paz duradoura, o erário romano não desperdiçava fortunas para manter milhares de cidadãos em uma tarefa tão pouco produtiva como a preparação bélica. Só se limitava a sustentar uma camada de oficiais, esta sim experiente. Para os cidadãos, era uma obrigação responder a convocatória anual preparatória, e constituíam eles o núcleo central da infantaria pesada, que se dividia em unidades de batalha chamadas de *legiões*.

Naqueles dias, todos os anos, durante os meses de março, quando se iniciava o calendário romano, dois cônsules eram eleitos como autoridade máxima do Estado. Estes, em razão do mandato que possuíam, também eram os comandantes em chefe do exército. Disso se deduz, como bem nota Goldsworthy, que:

"Em Roma, guerra e política se encontravam inseparavelmente unidas e, segundo exigia sua condição, esperava-se que seus líderes fossem capazes de dirigir a vida pública no Fórum ou de guiar um exército em campanha".

Os cônsules tinham a responsabilidade do recrutamento. Habitualmente, o soldado de infantaria (*pedites*) devia cumprir um período de seis anos de serviço no exército, normalmente de março a outubro. De acordo com a data fixada pelos cônsules, realizava-se a seleção (*dilectus*) de todos os cidadãos varões entre 17 e 46 anos. Para os mais jovens, tratava-se de sua primeira experiência militar; para os que já haviam passado por ela, uma espécie de estado de "disponibilidade" que, em caso de emergência, se transformaria automaticamente em um novo ingresso ao serviço ativo (*evocatus*). Essa responsabilidade não só recaía sobre os cidadãos romanos, mas também era compartilhada pelos aliados de Roma, segundo disposto nos tratados bilaterais que regulamentavam tanto seus direitos quanto suas obrigações.

Em geral, os aliados compartilhavam com Roma – em igualdade – o *dilectus* para a infantaria, mas deviam contribuir com um número maior de selecionados para a cavalaria, via de regra o triplo, com o que Roma compensava sua debilidade nessa arma. Em seguida, levando em conta a condição econômica, o estado físico e a idade, os indivíduos eram designados para cada uma das quatro linhas de batalha oferecidas pela legião, integrada por uns 4.200 homens, exceto em ocasiões específicas em que esse número se elevava a 5 mil, dependendo, nesse caso, do inimigo a ser combatido.

A infantaria romana, portanto, formava o núcleo central do exército, e em formação de batalha apresentava a seguinte disposição por legião:

1ª linha	infantaria ligeira (*Vélites*)	1.600 homens
2ª linha	infantaria pesada (*Hastati*)	1.400 homens
3ª linha	infantaria pesada (*Príncipes*)	1.400 homens
4ª linha	infantaria pesada (*Triários*)	600 homens

A infantaria ligeira era integrada por homens mais jovens e de condição econômica menos dotada. A responsabilidade dessa formação era a de ter contato com o inimigo por meio de breves escaramuças e fustigação, sem se comprometer em um confronto aberto e prolongado. Seu armamento era o elementar, geralmente espada e algumas lanças (*verutas*), e seu equipamento de defesa era escasso: peles de lobo ou urso na cabeça e um escudo redondo de madeira forrado com lona ou couro, de uns 90 centímetros de diâmetro. Nenhuma armadura cobria seu tórax, e seus braços e pernas ficavam nus. Por causa da inexperiência e do equipamento frágil, essa unidade retrocedia imediatamente depois de ter jogado as lanças, abrigando-se nos espaços deixados pela próxima linha de ataque.

Depois da infantaria ligeira, alinhava-se a infantaria pesada, sobre a qual recaía a maior responsabilidade do combate. Estava composta por homens não tão jovens como as primeira, mas de excelente condição física e de recursos econômicos mais elevados, o que lhes permitia dispor de uma armadura mais completa, de preferência uma cota de malha composta por anéis de ferro costurados sobre tecido ou couro. Alguns, de menos recursos, porém, protegiam-se apenas com um peitoral metálico de uns 20 centímetros de lado, na maioria das vezes de bronze ou de ferro. A cabeça era protegida por um capacete de bronze adornado com três plumas de uns 40 centímetros, em geral negras ou vermelhas. A arma clássica da infantaria pesada era o *pilo*, um tipo de lança, na qual, até o século IV a.C., se agregou uma vareta de ferro forjado que estendeu seu comprimento até pouco mais de dois metros e meio. Em geral, cada infante levava dois *pilos*, um pesado e outro leve. Também portavam uma espada de folha reta cujo comprimento chegava a uns 45 ou 50 centímetros. Como arma era muito eficaz, já que seu fio duplo permitia fazer talhos e estocadas a uma distância muito curta, especialmente durante uma luta corpo a corpo. Os legionários a levavam do lado direito do quadril, e os oficiais mais graduados, do lado esquerdo, pendurada em um cinto ou em um cinto de ombro. Para sua defesa, a infantaria pesada contava com um escudo (*scutum*) de superfície convexa, semelhante a um retângulo de extremos arredondados, com uns 70 centímetros de largura por 120 centímetros de comprimento. Este estava armado com duas tábuas pregadas, revestidas por uma lona e, finalmente, coberto com pele de bezerro ou de boi, o que fazia com que sua espessura fosse considerável: 7 centímetros. Para dar maior solidez a ele, costumava ter em seu centro uma chapa circular de ferro, eficiente para conter uma lança ou o golpe de espada do inimigo. As bordas eram recobertas por varetas de ferro, para evitar o desgaste e o desmembramento durante o combate. Ao contrário dos soldados mais pobres, os membros da infantaria pesada calçavam botas de couro.

Finalmente, a quarta fila da legião era formada pelos *triários*, soldados veteranos, entre os 40 e 46 anos, e que só eram utilizados como último recurso para guardar o acampamento. Seu equipamento era similar ao da fila que o precedia, com a ressalva de que usavam lanças de uns 4 metros de comprimento em vez do clássico *pilo*. Também era diferente sua proteção, já que usavam grevas ou caneleiras de bronze na perna esquerda, que é a que vai primeiro quando em combate.

Por fora da formação clássica das legiões se encontrava o corpo de cavalaria, formado pelos *equites*, cujo recrutamento se dava entre os cidadãos de nível econômico mais elevado. Até princípios do século II a.C., segundo Políbio, eram selecionados uns 1.200 cavaleiros; 300 para cada uma das quatro legiões estabelecidas. Essa debilidade evidente de efetivos era compensada com a cavalaria aliada, que contribuía com o triplo dos cavaleiros. Seu equipamento consistia em um capacete em estilo tessálico ou ático-etrusco, muito possivelmente cota de malhas, um escudo redondo chamado *parma* de 90 centímetros, *gladio* (espada) e uma lança resistente, do tipo da *kamax* grega. A cavalaria de cada legião se dividia em dez unidades chamadas *turmae*, cada uma integrada por 30 cavaleiros distribuídos em três esquadrões cujo comando era exercido por um *decurião* e seu *optio* (ajudante). No caso da cavalaria aliada, a organização tática era similar, com a diferença de que o número de *turmae* por legião devia ser de 30 unidades.

A unidade tática da legião era o *manípulo* (literalmente, punho) que era integrado por duas centúrias de 68 homens. No total, havia 30 manípulos, dez por linha de batalha da legião, exceto a infantaria ligeira. A divisão manipular seria mantida nas legiões aliadas.

A formação de combate de um exército consular, composto por quatro legiões, era a seguinte: duas romanas, que ocupavam o centro do dispositivo, e duas aliadas, que ficavam invariavelmente à direita e à esquerda. Cada ala era dividida em dez *cohortes*, mantendo a divisão em *hastati, príncipes* e *triarii*, com dez *manípulos* cada.

Também eram selecionados homens das tropas aliadas para organizar uma força de elite, os *"extraordinarii"*, formada por uns 1.600 infantes e 600 cavaleiros. Estes se agrupavam em quatro *cohortes* e eram utilizados como guarda consular e camuflagem, durante as marchas do exército.

O comando manipular era exercido pelos *centuriões*, em número de 30, eleitos pela legião. Por sua vez, estes nomeavam um segundo centurião, perfazendo um total de 60 por legião, os quais passavam a eleger seus ajudantes. O primeiro dos centuriões – *primus pilus*, o centurião primipilo – era o de mais alta hierarquia e podia participar do conselho do cônsul. O comando geral das legiões era exercido por seis *tribunos militares* que recebiam as ordens do cônsul. No caso das legiões aliadas, o comando recaía sobre três *comissários*, também nomeados pelo cônsul.

Um elemento a destacar dentro do exército romano, que, em boa medida, pode também ser estendido ao cartaginês, é a liberdade que os comandos principais tinham de dirigir as operações segundo sua própria inteligência, uma vez que as comunicações limitadas que podiam ser estabelecidas com a metrópole tornavam virtualmente impossível uma consulta colegiada. Sobretudo – como avalia Goldsworthy – quando as operações militares eram levadas a cabo além das fronteiras do seu território:

"Por tudo isso – enfatiza o autor – *os comandantes militares romanos tinham a possibilidade de dirigir as operações em um patamar muito mais imediato e pessoal... Em campanha e durante as batalhas e os sítios, os generais romanos se mostravam muito ativos, passando uma boa parte do tempo perto do inimigo e expostos, por isso, a feridas ou à morte produzidas por algum projétil ou por atacantes que agiam de forma inesperada".*

O exército púnico

O exército cartaginês também evoluiu ao longo da sua história, tendo de lidar com dois grandes pesos sobre os ombros: primeiro, o caráter motor da frota naval como principal unidade guerreira púnica e, em segundo e último, a condição essencialmente mercantil de Cartago,

Os barcos cartagineses contavam com um projeto sofisticado que permitia agrupar os remadores, maximizando o espaço; e a construção do casco rompia as ondas, evitando que a tripulação se molhasse. Os barcos também dispunham de espaço para peças de reposição e provisões.

o que deu margem a uma restrição especial ao interesse de criar um poderoso exército próprio. De fato, a cidade apelava para a contratação de mercenários ao enfrentar um conflito bélico. Não obstante, as chamadas Guerras Púnicas mudaram as coisas substancialmente.

É pouco o que se conhece do exército inicial. Os dados mais abundantes vêm das Guerras Púnicas e foram proporcionados por Políbio. Segundo ele, durante a Primeira Guerra Púnica, foi Xantipo, o Espartano, quem organizou e instruiu o exército de Cartago, no ano de 255 a.C., depois do desembarque em solo africano de 15 mil soldados romanos sob as ordens do cônsul Atílio Régulo. Nessa ocasião desesperadora, Cartago recorreu a Xantipo, que organizou rapidamente um exército de 12 mil infantes, 4 mil cavaleiros e 100 elefantes, e instruiu-os nas artes militares helênicas, cuja principal manifestação tática era a falange macedônica.

Apesar do tempo preparatório curto, o exército cartaginês combateu com ordem e coragem, e, na planície de Bagradas, a noroeste de Cartago, conseguiu aniquilar por completo a força invasora. Muito contribuiu para a vitória a coordenação exata da falange macedônica com a cavalaria númida, que, desde então, se transformaria na unidade de combate mais importante dos púnicos. A utilização de elefantes não foi um dado menor, já que sua incorporação ao ataque não só encheu de pavor os legionários que os viam avançar contra suas fileiras, mas permitiram, com seu empurrão, dispersar as ordenadas formações romanas. De alguma maneira, os elefantes foram para os cartagineses um aríete poderoso, que rompia as fileiras inimigas. Posteriormente, agora com a família Barca como chefe militar, as cavalarias númida, ibera e gaulesa teriam as principais responsabilidades na sujeição do inimigo.

O exército púnico era formado por cidadãos líbio-fenícios, conduzidos por oficiais cartagineses, mas a maior parte da infantaria pesada era de mercenários, geralmente de origem ibérica, gaulesa, ligur, e norte africana. Essa diversidade aumentava com as características de suas armas, táticas de combate e comandos médios, o que conferia ao exército cartaginês uma falta de coesão interna singular, ainda que, por sua vez, se tratasse de homens experientes em numerosos combates e de coragem comprovada.

A formação púnica, por excelência, era a *falange*, que alistava em seu seio em torno de 16 mil homens. Sua unidade tática era o *syntagma* ou batalhão, formado por 256 homens, alinhados em um quadrado formado por 16 homens de frente e 16 de fundo, sob a condução de um *syntagmatarca*. A falange, então, era formada de 62 a 64 *syntagmas*.

Os homens marchavam em ordem, levando nas quatro ou cinco primeiras filas de cada batalhão suas lanças em riste, de maneira que sobressaíam à frente da primeira linha. Os demais mantinham as lanças no alto, paralelas aos corpos.

A metade da falange formava uma ala ou *kera* comandada por um *kerarca*, ou chefe de ala. A falange completa era dirigida por um *estrategos*.

Durante os combates, as falanges e meias falanges podiam adotar diversas formas, fosse ela reta tradicional, oblíqua ou em meia lua, entre outras; apesar de suas diversas maneiras, a falange pecava por ser uma formação pesada, sem muita capacidade de mobilidade, o que a tornava especialmente frágil em seus flancos e retaguarda.

A cavalaria cartaginesa, pelo contrário, era um corpo eficaz e mortífero, e nela sobressaía a formada pelos númidas. A velocidade de seus cavalos e a perícia em sua condução davam a esse corpo uma superioridade notória. Em termos táticos, também souberam explorar essas vantagens: com armas leves, podiam incursionar com rapidez sobre o inimigo, a quem surpreendiam, e em curto tempo se distanciavam, com a mesma presteza com que tinham chegado. Golpeando e sem se deixar golpear, a cavalaria númida emboscava os romanos até a exaustão e, no momento de maior desassossego e fraqueza, empreendia um ataque final que, em quase todas as campanhas de Aníbal, culminaram com a sujeição e a matança das legiões.

Já dissemos que cada grupo tribal ou "nacional" que integrava o exército púnico levava suas próprias armas para combate, daí a dificuldade em fazer uma generalização quando se trata de descrever o armamento de tal exército. É provável que Xantipo tenha dado a sua falange um equipamento similar ao dos helenos, ou seja, uma *sarissa*, uma lança de cinco a sete metros de comprimento, capacete e grevas de bronze, couraça de bronze ou linho, espada de uns 50 centímetros de altura e lâmina curva, ou a reta de fio duplo de medidas similares. O escudo era circular, de couro ou de madeira, forrado em bronze, e ia amarrado ao pescoço por correias, para poderem utilizar a arma com as mãos livres.

A infantaria espanhola portava um escudo oval parecido e ligeiramente menor que o romano: várias lanças; o *saunión,* uma lança de ferro e de ponta com as bordas dentadas que chegava a ter 1,60 metro de altura; capacete metálico ou de couro, túnica branca de algodão com bordas púrpuras e um sabre pesado – a *falcata* – de 45 centímetros, ou a espada reta de fio duplo.

O armamento dos gauleses consistia em uma espada de fio duplo com uns 80 centímetros de altura, de grande poder no golpe de arremetida. Seus escudos eram ovalados ou redondos, forrados em couro e sempre pintados com cores vistosas. Em geral iam a combate nus, embora cobertos de tatuagens e pinturas rituais. Alguns, entretanto, usavam um capacete metálico e no torso uma cota de malhas que consistia em uma peça composta por anéis de ferro ligados uns aos outros e costurados sobre um tecido ou couro. Essa armadura "flexível" podia chegar a pesar uns nove quilos. Em batalha, as tropas celtas se agrupavam por companhias, cada uma com o estandarte correspondente.

A infantaria ligeira, responsável por abrir o combate com escaramuças e emboscadas, era integrada pelos fundeiros baleares, que Aníbal usara com eficácia nas campanhas. Os baleares se valiam de três tipos de fundas, de acordo com a distância que seu projétil deveria percorrer, geralmente de pedra ou chumbo. Sua enorme precisão transformou-os bem depressa em uma unidade de saturação e desgaste de grande utilidade, sendo também uma das preferidas de Aníbal.

A cavalaria númida era ágil, em grande parte graças à indumentária leve: não usava capacete nem couraça, desfazendo de toda a carga para levar várias lanças e um escudo de proteção. A cavalaria ibérica, ao contrário, vestia-se de forma semelhante à infantaria e utilizava a *falcata*, escudo e uma lança.

Mas, assim como as diferentes unidades púnicas tinham suas próprias armas, o exército todo contava com uma ajuda que se revelou de valor inestimável: a dos famosos elefantes cartagineses.

Que os Barca não foram os primeiros a utilizá-los em formações de ataque é óbvio. De fato, já tinham sido parte da estratégia de combate de Alexandre, que os empregou na Batalha de Gaugamela, na qual, em 30 de setembro do ano 331 a.C., derrotou o rei Dario III, da Pérsia. Parece que Alexandre havia utilizado 15 desses animais naquela batalha e voltou a contar com eles na Índia, em 326 a.C., quando enfrentou, no Hidaspes, o rei Poros, que também dispunha de elefantes em um número próximo a 200 animais. Desde então, os elefantes estiveram em vários cenários bélicos, sob a condução de diversos exércitos. O próprio Pirro os utilizou durante sua invasão ao território italiano, beneficiando-se com o terror que infundiam entre as legiões romanas. A ação dos elefantes tendia a ser eficaz em dois campos diferentes. Por um lado, causavam pânico entre os soldados inimigos e espantavam seus cavalos, produzindo um debandar e uma confusão incontroláveis, que eram bem aproveitados. Por outro lado, o tamanho e a força dos paquidermes os transformavam em aríetes móveis que abriam qualquer formação de batalha, por mais organizada e uniforme que fosse.

Os Barca souberam utilizar uma espécie africana – possivelmente capturados no Marrocos e na Argélia – de tamanho menor que os da savana africana e os da Índia – de três metros e meio e três metros respectivamente – que alcançavam uma altura aproximada de dois metros e meio.

Os cartagineses dispuseram os elefantes em autênticas brigadas de ataque e montaram pequenas construções sobre eles, de onde vários arqueiros não se furtavam de lançar suas flechas contra as forças inimigas, uma vez que o animal ia abrindo caminho entre elas.

As armadas

Do ponto de vista histórico, pelo menos até enfrentar os romanos, Cartago havia mantido uma hegemonia completa no Mediterrâneo. Sabemos, graças aos autores clássicos, que a composição da frota cartaginesa tinha bom estoque de *quinquerremes*, seu principal navio de combate. Tal como indica seu nome, cada nave contava com cinco remadores por bancada, de ambos os lados, por seção de três remos, em proporção de dois homens nos remos superiores e um no inferior. Seu uso se difundiu desde o século IV a.C., como na Grécia, e foi comum nos séculos seguintes.

O antecessor do *quinquerreme* ou *penteras* havia sido o *trirreme*, em especial, desde o século VII a.C., uma nave inspirada nas antigas galeras fenícias. Durante o desenvolvimento das Guerras Púnicas, foi substituída pelos *quinquerremes*, já que estes permitiam uma capacidade maior de manobra e velocidade.

As características dos *quinquerremes* puderam ser reconstruídas em virtude de uma série de achados arqueológicos realizados em 1971, nas proximidades do porto de Marsala na Sicília. Assim pôde-se determinar que a quilha dessas naves era de bordo, a estrutura de carvalho e o revestimento de pinho. As possíveis infiltrações de água eram evitadas com uma mistura de cera e resina ou breu que se aplicava em forma de pasta e depois revestia-se o casco com lâminas de chumbo. A proa, por sua vez, contava com um grande esporão recoberto de bronze, o que o transformava em um aríete formidável para investir contra as naves inimigas.

As dimensões do *quinquerreme* eram entre 35 e 42 metros de extensão ou comprimento, e 5 metros de lado ou largura; seu peso aproximado era de 42 a 46 toneladas, e sua velocidade média chegava aos seis nós (11 quilômetros por hora). Calculava-se que podiam percorrer uma distância de 130 quilômetros ao longo de uma jornada diurna e até 110 quilômetros durante a noite.

Os *quinquerremes* abrigavam uma tripulação de cerca de 300 homens, aos que se somavam os infantes, em um número pouco superior a cem homens. Como é sabido, Cartago possuía uma frota de cerca de 350 dessas naves, o que explica por si só a razão de sua primazia no Mediterrâneo.

Além dos *quinquerremes*, os cartagineses também contavam com barcos mercantes ou de carga (*oneraria*), todos eles com características muito mais pesadas e lentas; de fato, sua velocidade não superava os quatro nós (uns sete quilômetros por hora). Impulsionados por velas situadas em um ou dois mastros, carregavam 50 remadores. Sua função principal era a de transportar as mercadorias e, em tempos de guerra, provisões e equipamentos.

Barco mercante cartaginês. Eram muito mais lentos que os barcos militares, tinham grandes depósitos e eram impulsionados por velas e remos.

Por seu lado, Roma também contava com uma frota grande, que fora desenvolvida com urgência a partir do embate com os cartagineses na Primeira Guerra Púnica. Até então, os romanos só tinham contado com uma modesta marinha de guerra composta de grandes botes (caudices) aptos apenas para navegar em rios, e pequenas embarcações marinhas, mais leves e rápidas.

Com a irrupção da Primeira Guerra Púnica, os romanos se viram obrigados a construir em poucos meses uma frota de guerra capaz de enfrentar as dos cartagineses; para tanto não tiveram melhor ideia que copiar o projeto das embarcações cartaginesas, reproduzindo-as para sua utilização. Em outras palavras, a marinha de guerra romana foi tributária, por completo, da de seu inimigo mais furioso. Em pouco mais de dois meses, e após recolher grandes somas de dinheiro entre as famílias mais poderosas, Roma construiu por volta de cem *quinquerremes*. Claro que, embora um objeto pudesse ser reproduzido em seus mínimos detalhes, isso não acontecia com as artes da navegação e o combate marinho, razão pela qual os cartagineses continuaram gozando do domínio do Mediterrâneo por mais um tempo. Em princípio, a experiência histórica dos cartagineses no mar constituiu um privilégio que não podia ser superado com esforço e boas intenções.

Os romanos sabiam do seu atraso na tradição marinha, comparada com a de Cartago; então, decidiram equilibrar as desvantagens apelando para uma estratégia tão criativa quanto eficaz. Se os púnicos eram mestres no mar, teriam de conduzi-los à batalha terrestre, na qual os romanos eram melhores, no próprio Mediterrâneo.

Foi então que os romanos puseram em prática um recurso que revolucionou o enfrentamento entre frotas: uma ponte de abordagem que permitia às legiões passarem de seu barco para o dos inimigos, onde logo se travava uma luta corpo a corpo pela tomada da embarcação. Essa inovação logo rendeu frutos, e, no ano de 260 a.C., em Mila, o cônsul Caio Duílio obteve a primeira vitória naval para os romanos, conseguindo destruir 50 naves cartaginesas.

Por outro lado, os romanos foram examinando a experiência naval dos púnicos e dos gregos, treinando, cada vez mais, comandos capazes de dirigir uma frota com sucesso, e reconhecendo e desenhando mapas de regiões propícias para abrigar suas naves.

De início, paulatinamente, e depois progressivamente, o predomínio marítimo foi se equilibrando, até passar a ser romano. Os efeitos se fizeram sentir em profundidade, e não só no aspecto militar. Do ponto de vista moral, um dos maiores orgulhos dos púnicos havia sido arrancado, o que minou consideravelmente sua confiança nas artes da guerra.

CAPÍTULO VII

A Batalha de Canas

No ano 216 a.C., depois da invasão púnica no território italiano, a situação entre os antagonistas era, com certeza, paradoxal.

Por um lado, as batalhas travadas entre cartagineses e romanos haviam culminado invarialmente com o êxito dos primeiros, com a peculiaridade de que nenhuma delas tivera um curso incerto. Pelo contrário, os romanos foram humilhados do ponto de vista estratégico mais de uma vez, e arrasados materialmente. Portanto, não havia nenhuma dúvida sobre a superioridade do comando cartaginês, e as perdas imensas em homens e equipamentos dos romanos reduziram – pelo menos temporariamente – as diferenças de estrutura e conformação existentes entre um exército e outro.

Mas, por outro lado, e apesar do que foi dito anteriormente, Aníbal não pôde marchar contra Roma, e o que parecia no início uma expedição impossível de deter começava a encontrar obstáculos significativos. Dito de outro modo, a superioridade militar púnica não se traduziu em hegemonia política e a Roma ferida se manteve firme e resolvida a defender suas posses, apoiada por aliados que permaneceram, apesar dos fracassos militares das legiões, no seio materno do Império.

Nesse sentido, o desvio do general cartaginês para o mar Adriático pode ser compreendido como uma expressão de suas limitações.

Nesse estado de coisas, na primavera de 216 a.C., Aníbal dirigiu-se para o norte de Apúlia, uma região que abrigava a cidadela de Canas, cujos armazéns recheados de grãos e provisões eram de importância vital para ambos os exércitos. Em breve se resolveria, nesse cenário, a disputa mais importante.

Do lado romano, a preparação de um enfrentamento decisivo foi precedida de amplos movimentos políticos e militares.

Lúcio Emílio Paulo e Caio Terêncio Varrão foram eleitos os novos cônsules, e os do ano anterior – C. Servilio e M. Régulo – receberam a investidura de pró-cônsules, a cargo das legiões que, até então, haviam sido comandadas por Quinto Fábio Máximo e Marco Minúcio Rufo. As diretivas que receberam foram claras e concisas, e de algum modo continuaram a tática de Quinto Fábio Máximo, isto é, não travar combates decisivos e ocasionar, mediante brigas e enfrentamentos em pequena escala, o maior desgaste possível aos exércitos de Aníbal.

Por outro lado, Roma tomou medidas mais amplas (se quiser, de alcance "nacional"), enviando o pretor Lúcio Postúmio Albino para a Gália, com a missão de estabelecer alianças firmes contra os cartagineses. Por fim, a frota romana estabelecida na Sicília, composta por 150 naves, foi posta sob as ordens do pretor Cláudio Marcelo e convocada, de imediato, para apoiar as manobras terrestres. Além disso, foram enviados reforços militares para a Hispânia, com a intenção inequívoca de manter uma segunda frente que impedisse Aníbal de receber ajuda de suas novas colônias.

Portanto, o Senado romano se dispôs a travar uma batalha definitiva, não desconsiderando nenhum recurso; uma batalha que, embora se travasse em território italiano, dependia, em grande parte, da marcha dos acontecimentos em outros cenários.

Os romanos não eram os únicos que tomavam suas precauções. Toda a Itália e a Gália estavam em convulsão, e as diferentes cidades e tribos também faziam seus cálculos, medindo, por conveniência política e econômica ou por afinidades culturais, os próximos passos a dar. Para os cartagineses e os romanos estava em jogo a hegemonia territorial e mediterrânea; para o restante dos povos, acompanhar tal ou qual Império, em um contexto de reivindicações de seus interesses locais específicos, históricos e culturais.

É claro que Aníbal se debatia em incertezas. Depois de passar o inverno em Gerunium e tomar a cidadela de Canas, pretendia forçar uma batalha de imediato, na tentativa de evitar que os romanos se rearmassem e se recompusessem. Sabia com perfeição que seus triunfos militares anteriores poderiam se reverter com a passagem do tempo, e que Roma não era uma fortaleza que pudesse ser tomada de assalto. A oportunidade havia sido militarmente propícia para ele, mas não conseguiu quebrar nem a animosidade do Senado nem suas alianças. Uma nova vitória no campo de batalha daria ao púnico o marco necessário para produzir uma reviravolta definitiva no destino a seu favor. Apesar disso, dessa vez, suas provocações não tiveram sucesso, e os chefes inimigos se limitaram a enviar mensagens contínuas ao Senado, informando sobre seus movimentos. Nas jornadas seguintes, os preparativos de um e outro lado seriam grandes e urgentes.

Aos romanos só restava travar a batalha, uma vez que a perda de seus armazéns em Canas os privava das provisões necessárias para qualquer campanha de fôlego. Prepararam-se, então, para saldar as contas com o inimigo. No total, Roma alistou oito legiões novas, elevando seu número de 4.200 homens para 5 mil cada, formação só utilizada em caso de emergência. A cavalaria era escassa, somando apenas aproximadamente 6 mil homens. Na totalidade, a força concentrada somava em torno de 87 mil homens.

Esse exército impressionante, no qual participava a flor e nata da aristocracia romana, dirigiu-se ao encontro de Aníbal, na planície de Canas, onde chegou ao fim de julho. Até então, Roma jamais havia formado um exército tão grande.

O cartaginês aguardava com uma potência de infantaria inferior em número, por volta de 40 mil homens, e só era superior na arma de cavalaria, em que quase duplicava os romanos.

Estava para se desencadear a batalha mais notável da Antiguidade, e as forças militares cuidavam de suas armas.

Mais uma vez, era a hora dos exércitos.

Preparativos e escaramuças

O comando compartilhado no lado romano mostrou, muito rapidamente, suas diferenças e fissuras. Emílio Paulo, homem de mais experiência e capacidade de reflexão, defendia que se evitassem confrontos em campo aberto, consciente da histórica debilidade da própria cavalaria e da notável superioridade dos cartagineses nessa arma. Varrão, ao contrário, subestimava o cálculo do colega e depositava toda a sua confiança na superioridade numérica de suas legiões que, de fato, dobravam a da infantaria púnica. Confiava, diante disso, que nada poderia fazer naufragar seu triunfo em um ataque massivo e frontal.

Enquanto isso, Aníbal esperava, recebendo informações preciosas de seus espiões sobre os movimentos no acampamento inimigo.

Em fins de julho, os cônsules romanos fizeram contato com as forças de Aníbal e estabeleceram seu acampamento a uns dez quilômetros da linha inimiga. A região era um planalto extremamente liso e desprovido de árvores, o que acentuou ainda mais as preocupações de

Tapete no qual se pode apreciar a fila compacta de guerreiros esperando as ordens para entrar em batalha. A presença de elefantes nas linhas de combate ajudava os cartagineses a infundir terror em seus adversários.

Emílio Paulo. Em outras palavras, temia que, em cenário semelhante, a cavalaria cartaginesa se encontrasse em um espaço amplo para arremeter contra eles. O ansioso Varrão, por seu lado, apegou-se a seu argumento e preparou seus homens para o que seria, em sua imaginação, um autêntico massacre.

Todavia, os dois cônsules concordaram em proteger suas tropas para evitar as conhecidas manobras envolventes de Aníbal, daí terem escolhido para a batalha a planície que se prolongava desde o rio Aufídio até a cidadela de Canas, destruída depois da passagem dos cartagineses. Essa planície apresentava uma característica que, acreditavam, conspiraria contra uma manobra tenaz de Aníbal, já que estava margeada pelo rio e um monte. Essas defesas naturais seriam, definitivamente, as que cuidariam dos flancos de seu exército. Assim protegidos, tudo dependeria da pressão incontrolável das legiões.

Aníbal também fixou seus olhos no terreno escolhido, e não fez crítica alguma. Pelo contrário, acreditou com firmeza que ele lhe era completamente propício, já que a estreiteza da frente impedia os romanos de fazer valer sua grande superioridade numérica, uma vez que o cartaginês teria um campo plano para a incursão de sua cavalaria.

De acordo com o costume romano, os chefes se alternavam no comando superior. Essa tradição, somada às diferenças mantidas entre os dois cônsules, conferia às forças romanas uma falta de coesão maiúscula, sobretudo porque impedia uma ação conjunta quando mais se necessitava.

Com o cenário assim disposto, no início de agosto, o belicoso Varrão aproveitou sua oportunidade, quando teve o comando principal, e avançou com suas tropas para o campo cartaginês, para medir a reação imediata do inimigo.

Aníbal, longe de se esquivar da ofensiva romana prudente, enviou imediatamente sua infantaria ligeira junto com a cavalaria, surpreendendo os romanos em plena viagem e criando confusão e desordem na legião. Apesar disso, Varrão tinha tomado suas precauções e intercalado em sua infantaria ligeira alguns homens da infantaria pesada, graças ao qual resistiu à investida da cavalaria púnica, ao mesmo tempo que seus arqueiros faziam chover centenas de flechas sobre ela. Foi só uma escaramuça e os cartagineses não tiveram sucesso. Quando a noite caiu, os dois que haviam avançado voltaram às suas respectivas linhas.

Na manhã seguinte, sob o comando de Emílio Paulo, tudo voltou à tensa calma. Seja por tática ou por terem diferenças de critérios tão pronunciadas, ambos os cônsules se separaram, estabelecendo seus acampamentos a uma distância de dois quilômetros entre um e outro. Dois terços do exército, com Emílio Paulo no comando, instalaram-se na margem norte do Aufídio; Varrão, por sua parte, ocupou a margem sul do rio, com o restante das forças.

Em 2 de agosto de 216 a.C., com Varrão novamente no comando, os acontecimentos se precipitaram.

O amanhecer anunciava um dia quente, que não melhoraria com as correntes fortes de vento do sudoeste.

Então, Varrão ordenou aos dois exércitos romanos que realizassem preparativos urgentes, e em poucas horas os milhares de legionários já se encontravam espalhados para iniciar a batalha. Só ficaram de fora da manobra 10 mil *triários*, que deveriam guardar os acampamentos.

Enquanto isso, em Roma, os sacrifícios e os vaticínios favoráveis ao embate se multiplicavam. Os templos estavam abarrotados de suplicantes e, em cada casa, as cerimônias e os pedidos aos deuses se repetiam.

A batalha

Varrão dispôs suas tropas de acordo com a maneira clássica, isto é, uma linha de *vélites* na vanguarda, depois da qual se arrumou a infantaria pesada em três linhas consecutivas. Também em linha, para o fundo, foram colocadas as legiões compostas por seus aliados, razão pela qual a profundidade da coluna romana era imensa. Cobrindo os flancos, a cavalaria romana se posicionou à direita, enquanto a cavalaria dos aliados, muito mais robusta, estabeleceu-se à esquerda.

Aníbal, por sua vez, dispôs seus homens do seguinte modo: os mercenários iberos e gauleses no centro, em uma formação de meia lua, com a parte convexa voltada para os romanos. Em cada extremo situou duas colunas de contingentes de infantaria pesada africana. Então, nos extremos daquelas ficou a cavalaria, ocupando o flanco esquerdo a de origem ibero-gálica, sob o comando de Asdrúbal, e no flanco direito a temida cavalaria ligeira númida, dirigida por Maharbal, separada do curso do rio e com maior liberdade para se movimentar.

As táticas estavam apresentadas, e cobriam uma frente de quase 3 mil metros de distância. O curso da batalha premiaria, com a vitória, um dos opositores, castigando os vencidos com um dos maiores massacres acontecidos até então.

O começo da luta foi precedido por uma gritaria fenomenal dos antagonistas: celtas, iberos e africanos proferiram seus gritos de guerra, enquanto os romanos golpeavam seus *pilos* e espadas contra os escudos. O espetáculo era dramático e de tensão profunda: todos se encorajavam, ao seu modo, para iniciar um combate, sem esmorecer.

Enfim, começou a contenda, como era previsível, com a vantagem das tropas ligeiras, que se encontravam nas primeiras linhas dos exércitos. *Vélites* romanos e atiradores baleares de funda trocaram dardos e projéteis em um ritual bélico de características preambulares. Logo se aproximaram e se misturaram em uma luta de corpo a corpo tão semelhante em ferocidade, que nenhum pôde se creditar maiores ganhos.

A batalha havia se desencadeado, mas ainda não alcançara uma escala generalizada. Isso aconteceu no fim, quando as cavalarias entraram em ação.

Pouco tempo passou até que Aníbal ordenou que sua formação mais preciosa agisse. Então, a cavalaria cartaginesa, composta de 6 mil gauleses e celtas, sob o comando de Asdrúbal, adiantou-se para arremeter contra seu par romano, a qual superava em número em uma proporção levemente maior que três para um. Aníbal também ordenou a mobilização do outro flanco, em que seus cavaleiros númidas, comandados por Maharbal, atacaram a formação de Varrão, composta de uns 4.800 cavaleiros.

Os combates foram de uma intensidade imensa e favoreceram os púnicos: Asdrúbal conseguiu cercar com rapidez sua contraparte romana, o que permitiu reorganizar suas forças e enviar reforços para Maharbal, que estava com sérias dificuldades para dobrar os romanos. A ajuda de Asdrúbal foi decisiva e, no final, a cavalaria legionária foi desbaratada com uma soma de baixas quase total.

Com as formações romanas desfeitas, Maharbal se encarregou de perseguir os inimigos, enquanto Asdrúbal reorganizou seus esquadrões para esperar novas ordens de Aníbal. Sem que os cônsules romanos pudessem ter previsto, o cartaginês contava agora com uma unidade formidável, pronta para atacar pela retaguarda.

Entre os dois flancos, as unidades legionárias começaram a marchar em formação impecável, diretamente para o centro da linha de infantaria cartaginesa.

O que Aníbal esperava? Exatamente isso. Não tinha renunciado a suas famosas estratégias envolventes e, impossibilitado de realizá-las pelos limites precisos que impunham o bosque e o rio, forçou, com a vitória de sua cavalaria, uma passagem dupla pelos flancos, onde seus cavaleiros os perseguiam à vontade. Nesse ponto, o plano do genial cartaginês começava a dar seus frutos: os legionários avançavam com seus flancos descobertos ou, pior ainda para eles, controlados pelos cavaleiros púnicos, que só aguardavam uma nova ordem de ataque. A manobra envolvente, então, mais uma vez, se daria de modo inequívoco.

As legiões romanas continuaram a avançar até se chocarem com a meia lua cartaginesa, onde foram recebidas pelos bravos guerreiros iberos e gauleses. O embate foi tremendo e as baixas, numerosas, mas, apesar da resistência do exército de Aníbal, a pressão das legiões foi paulatinamente quebrando a linha. A convexidade da meia lua púnica foi se transformando, pouco a pouco, em uma linha de direção oposta, ou seja, côncava.

O comando romano observou nessa mudança um sinal de triunfo. Acreditou ilusoriamente que se tratava da quebra da linha central inimiga, que obrigava sua infantaria a uma retirada em derrota. Logo se dariam conta de quão enganados estavam.

O que havia acontecido era, na verdade, a coroação da estratégia de Aníbal, isto é, fazer com que os legionários entrassem em uma espécie de túnel estreito em cujos lados se acumulava a infantaria pesada cartaginesa, desejosa de cair sobre as colunas legionárias intermináveis, que cada vez mais se apertavam em seu impulso de arremetida. O próprio Aníbal dirigia, a partir da retaguarda, os movimentos e não deixava de instigar seus bravos. Tratava-se de um esforço maiúsculo que em breve daria seus frutos.

Pintura de Giovanni Francesco Penni em que se retrata a batalha de Canas. Nela, os legionários sofreram baixas devastadoras.

De fato, as legiões terminaram atoladas em um túnel aberto pelos púnicos, comprimidas, quase sem capacidade para se movimentar, nem dispor de suas armas com destreza. Na verdade, os legionários só atinavam em dar passos trôpegos entre os cadáveres, que começavam a se disseminar pelo campo, sendo atacados sempre pelos flancos, de onde não deixavam de cair dardos que, nessas circunstâncias, raras vezes não encontravam o alvo.

Enquanto isso, Aníbal ordenou que suas unidades de infantaria, que estavam colocadas nos extremos dos flancos – e que já haviam sido ultrapassadas pelas colunas romanas –, se virassem para os lados do "túnel" e atacassem com suas lanças e dardos os infortunados romanos, empurrados pelas legiões que vinham marchando atrás.

O resultado foi medonho para as tropas de Varrão: os testemunhos mostram que eles mal podiam levantar seus escudos para se defender, já que caíam tropeçando nos milhares de mortos que paralisavam seus passos. Quando as últimas legiões acabaram de ingressar na armadilha, Aníbal deu a ordem capital: a cavalaria de Asdrúbal – que aguardava na retaguarda romana – deveria regressar de imediato para fechar a armadilha mortal.

A meia lua tinha se transformado em um extenso U, e agora a cavalaria cartaginesa a fechava definitivamente.

As legiões se defendiam em desespero, mas nada mais podia salvá-las. Em sua frente e em seus flancos eram atacadas pela infantaria cartaginesa, diante de seus olhos, enquanto, a partir da retaguarda, as cavalarias númida, ibera, gaulesa e púnica arremetiam em liberdade, pressionando ainda mais os romanos a um encapsulamento completo e fatal.

O que aconteceu em seguida foi uma matança de proporções dantescas. Os romanos tinham perdido a ordenação por completo e caíam sob os dardos, lanças e espadas do exército púnico, respondendo à agressão apenas de forma isolada. Amontoados como estavam, a única opção foi morrer em seu posto, com uma dignidade que honrava seus esforços.

A vitória cartaginesa foi total, depois do massacre consumado. Impôs-se, então, o descanso das armas, sobre um monte enorme de cadáveres, que tingiram de vermelho os campos de Canas.

As perdas romanas foram imensas, e ainda que alguns autores tenham relativizado as cifras, quase todos os historiadores concordam com um total dramático: 50 mil mortos, quantia próxima das calculadas por Plutarco e Tito Lívio. Políbio, por sua vez, realça-as ainda mais, elevando-as a 70 mil. Entre os mortos havia 21 tribunos militares e 80 patrícios com hierarquia senatorial. Também foram capturados por volta de 10 mil legionários, quase todos os que tinham ficado resguardando os acampamentos-mãe.

As perdas cartaginesas, por seu lado, foram extraordinariamente mais baixas, ainda que pela proporção de homens não deixassem de ser de suma importância: 8 mil mortos, segundo a maioria dos pesquisadores sobre o tema, embora Políbio fale de uma cifra levemente menor: 5.700 caídos. Quase todas as baixas púnicas corresponderam à sua infantaria celta.

Em uma única jornada de batalha, Roma havia perdido um sexto do total de seus homens alistados para a guerra, e Cartago, pouco mais de 10% de suas forças.

O cônsul Emílio Paulo também morreu, e Varrão só pôde escapar depois de muitas aflições, acompanhado por uma guarda de 70 cavaleiros, primeiro em direção a Chiusi e de lá para Roma.

O maior exército que Roma havia organizado jazia, em sua maior parte, nas planícies de Canas. A estrela de Aníbal, enquanto isso, havia alcançado sua maior luminosidade. Nunca antes se havia concebido vitória mais brilhante, tanto pela estratégia utilizada quanto pelos danos infligidos aos vencidos.

Entre os cartagineses, tudo era euforia, e as pressões para marchar para a capital do Império vencido se multiplicaram.

Em Roma, pelo contrário, o pânico se espalhou. Só sobreviveram umas poucas tropas e, no total, estavam disponíveis duas legiões na cidade, outras duas no vale do Pó e algumas mais distribuídas pela Hispânia, Sicília e Sardenha. Parecia pouco para deter Aníbal.

Apesar disso, certa animosidade de resistência ficou estabelecida com firmeza. Na verdade, o Senado não pensou, nem remotamente, em pedir o fim das hostilidades, nem muito menos falar em paz. Em vez disso, a hierarquia dirigente tratou de reorganizar suas forças, para tanto não vacilou em apelar para o recrutamento de escravos e delinquentes na prisão, a quem foi oferecida a liberdade pelo seu alistamento nas novas legiões.

A paz estava tão longe quanto a rendição, e novas batalhas se avistavam no horizonte imediato.

A mensagem da Loba romana era inequívoca: jamais aceitaria capitular.

Capítulo VIII

Às Portas de Roma

Após a fantástica vitória de Aníbal em Canas, o caminho para as portas de Roma havia ficado aplainado por completo. Pelo menos a partir do aspecto puramente militar, era uma alternativa que estava confirmada pelo próprio desenvolvimento dos últimos combates. Com efeito, desmoralizadas e humilhadas, as legiões romanas não estavam em condições imediatas de oferecer uma resistência capaz de limitar os movimentos do púnico, e muito menos detê-lo.

Conta a tradição que o próprio chefe da cavalaria púnica, Maharbal, aguardou que seu líder lhe desse as ordens pertinentes para o avanço e, como não as dava, incitou-o com veemência a tomar esse caminho. Tito Lívio relata que Maharbal insistiu: "Segue-me, eu irei à frente com a cavalaria e dentro de cinco dias darás um banquete de vencedor no Capitólio". Mas seu chefe fingiu que não percebeu a oferta atraente. Inclusive, atribuem a ele um diálogo ríspido, em que seu lugar-tenente lhe havia dito: "Sabes vencer, Aníbal, mas não sabes o que fazer com tuas vitórias".

Seja esse episódio real ou inventado, o certo é que o grande cartaginês não lançou as instruções aguardadas por seus homens. Menosprezou os conselhos mais otimistas e decidiu tomar outro rumo. Roma não seria o objetivo imediato. A tradição indica também que Aníbal se arrependeria de ter tomado tal decisão. Mesmo assim, existem indícios sólidos que põem em dúvida a justeza dessa última afirmação.

Mas vamos por partes.

Por que Aníbal, vencedor impecável nos campos de batalha, não se apresentou diante das portas de Roma para tomá-la?

A questão, na verdade, apresenta múltiplas leituras e definitivamente contribui para revelar tanto a história política militar do púnico quanto algumas das lendas que se teceram à sua volta.

Em primeiro lugar, a decisão de não avançar sobre Roma põe em um plano de suspeita o tão propalado juramento de ódio e vingança como motivo principal da ofensiva contra o Império romano. Sem dúvida, um indivíduo motivado essencialmente por pressuposto semelhante não duvidaria nem por um instante em concretizar o anseio primordial. Outra coisa é que o realize com sucesso. Mas a tentativa, em condições subjetivas e objetivas favoráveis a ele, em especial, teria um peso decisivo para levar as ações a um bom termo. Ao não concretizá-las, Aníbal oferece uma imagem inequívoca de um homem temperado pela experiência, sábio nas artes militares e políticas e, por fim, incapaz de se permitir arrebatamentos e paixões subjetivas que pudessem comprometer um plano racional e meditado com cuidado.

Descartado o arrebatamento vingativo, resta analisar até onde as condições objetivas da derrota romana recente em Canas eram suficientes para tentar o assalto à fortaleza maior, Roma; seja pela situação em que ficara o inimigo ou a que vivia o próprio exército púnico.

Senão vejamos: Qual era o panorama que enfrentava Aníbal no momento da encruzilhada tão crucial?

Por um lado, as legiões haviam sido massacradas, mas Roma continuava a representar um inimigo de peso. Suas muralhas se estendiam ao longo de quase sete quilômetros e cada um de seus pontos estava fortemente defendido. A população – na época por volta de 300 mil indivíduos – tinha motivos para estar preocupada, mas, por sua vez, mantinha uma disposição resoluta para defender sua cidade. De fato, os cidadãos haviam se armado da forma mais conveniente possível e a direção política, que nomeara M. Junio Pera como novo ditador, ordenara, sem demora, a formação de duas novas legiões, integradas por escravos comprados de seus amos e devedores retirados da prisão, que foram equipadas rapidamente com as armas guardadas nos templos como butins de campanhas anteriores. Também haviam sido recrutados os jovens maiores de 17 anos. É evidente que era uma preparação apressada e pobre, para se contrapor a quem chegava vencendo, uma e outra vez, mas demonstrava que a resolução da cidadania e do governo romanos não contemplava, nem por um instante, a hipótese de ceder com facilidade. Para acompanhar a decisão de travar batalha, os ofícios e rituais religiosos se multiplicaram em templos e lares e até sacrifícios humanos foram realizados.

É certo, então, que Roma estava ferida, mas não indefesa, e Aníbal não era homem de julgar seus inimigos com leviandade.

As forças de Aníbal não somavam mais que 40 mil efetivos, que, por outro lado, vinham de uma campanha prolongada e fatigante. Além disso, não contavam com elementos de assalto suficientes e a inferioridade numérica se acentuava, de forma considerável, no assalto a uma fortaleza bem protegida.

Para ele, então, ficava claro que uma coisa era chegar às portas de Roma e outra, bem distinta, tomá-la. Podia sitiá-la, mas não iniciar um ataque direto; bloquear seus acessos, mas à custa de dividir suas forças e ficar, por sua vez, exposto a contra-ataques em inferioridade de condições.

Restos das antigas muralhas romanas, que simbolizavam não só o poderio do Império, mas também sua intransponibilidade.

Aníbal meditou longamente a respeito dos determinantes principais e concluiu que sua maior força residia na superioridade estratégica e na capacidade de manobra e mobilidade em campo aberto. Estacionado diante das muralhas de Roma, ao contrário, seu exército perderia sua surpresa característica, além de que suas táticas de emboscada e sua unidade predileta – a cavalaria númida – ficariam também praticamente anuladas.

A possibilidade de derrotar Roma graças a um longo sítio, aguardando que a fome fizesse sua parte, como fez seu pai com os mercenários anos antes, não era uma opção séria para Aníbal. Roma tomara precauções e ele também não teria provisões suficientes para estacionar diante do Império, esperando que os recursos dos romanos se esgotassem.

A escolha não era simples e tudo fazia crer que ele teria melhores resultados se organizasse uma grande federação de povos que, unindo seus esforços, recursos e tropas, poderiam render Roma, reduzindo-a a um mero estado a mais na Itália.

E Aníbal se decidiu por essa opção.

Em um primeiro momento, o púnico procedeu como era de seu costume: libertou os prisioneiros não romanos capturados em Canas, ainda que, dessa vez, tenha dado um passo mais audaz:

"Dez dos prisioneiros romanos eleitos como homens de confiança – assinala Huss – foram enviados a Roma para conseguir do Senado a concordância com as condições que Aníbal propunha para a libertação de prisioneiros. Com eles chegou Cartalão para apresentar ao Senado as condições de paz do vencedor. Mas o Senado nem comprou a liberdade dos prisioneiros nem entrou em conversações de paz".

A queda definitiva de Roma deveria aguardar, ainda, um pouco mais. Aníbal decidiu, então, aproveitar as consequências imediatas de seu triunfo em Canas e se preparar para um futuro assalto final.

Consequências de Canas

A derrota romana em Canas e a do pretor L. Postúmio Albino na Gália Cisalpina, onde perdeu seus 25 mil homens, sacudiram não só Roma, mas também os numerosos povos que até então viviam dominados pelos romanos.

Em muito pouco tempo as notícias sobrevoaram pelo céu do maltratado Império romano e muitos povos festejaram o triunfo púnico contra a potência que os dominava: *atellianos, catalinis, hirpinos, apúlios, samnitas* – com exceção dos *pentios* –, *brutius, lucanios* e *uzentinos* não demoraram em romper as correntes que os atavam a

Roma e mudaram de lado, com todo o prazer. O período imediatamente posterior à vitória de Aníbal caracterizou-se por esses movimentos de reacomodação política e militar generalizada, em toda a Itália, estabelecendo-se novas fidelidades sustentadas pelo resultado de Canas.

Alarmada, Roma também fez seus movimentos diplomáticos para evitar o isolamento completo. De fato, uma comitiva foi enviada a Delfos, na qualidade de embaixadora, para consultar Apolo Pítio sobre como apaziguar a ira dos deuses, que se mostravam tão cruéis com Roma. É claro que não se tratava apenas de uma mera expressão da religiosidade dos latinos, mas de uma clara demonstração de quão perto se encontravam eles dos gregos, que temiam o afastamento do lado romano.

De início, Aníbal, descartada a hipótese de tomar Roma de assalto, incursionou imediatamente pelo restante do mapa italiano, com o fim de consumar sua grande aliança antirromana.

Abandonou seu acampamento em Apúlia e marchou em direção a Compsa, onde já havia iniciado negociações para que a cidade fosse entregue. Lá, dividiu suas forças e ordenou a Magão que conquistasse as praças da região, enquanto ele se dirigiu para Neápolis, onde derrotou exíguas forças napolitanas para logo continuar com sua marcha em direção a um novo objetivo, dessa vez de envergadura muito maior: Cápua, ponto nevrálgico da Campânia, cidade que desejava transformar no novo centro cartaginês da Itália invadida.

A escolha de Cápua não foi improvisada. A cidade estava ligada a Roma por meio da Via Ápia, a primeira das estradas a ser pavimentada. O acesso a Roma a partir de Cápua, portanto, era não só direto como veloz.

O governo de Cápua não era afeito a romper com Roma, a quem era atada por múltiplos laços comerciais e familiares, mas, depois de Canas, seu desamparo foi tão grande que se viu obrigada a repensar seu futuro. Por ora a cidade enviou embaixadores para entrevistar Varrão, mas lhes foi suficiente observar o estado das legiões e comandos romanos para entender que a sorte de Cápua estava lançada. Pouco depois, o Senado capuense, apoiado por uma maioria popular, aceitou colaborar com Aníbal.

É claro que o cartaginês recebeu a iniciativa encantado e viu por bem firmar um tratado de paz com Cápua, pelo qual ela manteria sua própria administração e nenhum cidadão poderia ser convocado para a beligerância ou outros favores junto aos púnicos. Para Aníbal, essas condições eram suficientes. De fato, evitava uma sangria de seu próprio exército para ocupar a cidade, além de que a autodeterminação das cidades itálicas – embora forçadas pela ameaça cartaginesa – não fazia senão isolar Roma cada vez mais.

Desse modo, o Lácio e a Campânia ficaram sob a soberania de Aníbal, mas ainda restavam muitas cidades a se pronunciar a seu favor, e não era seguro que o fizessem sem esforços bélicos envolvidos.

Roma, por sua vez, conseguiu manter a fidelidade de Nápoles e Régio e algumas cidades costeiras gregas, e seus exércitos se limitaram a pilhar as novas fronteiras dos territórios dominados pelo cartaginês. A cidade de Nola, sob as ordens de Cláudio Marcelo, constituiu-se no novo centro de resistência romana contra os púnicos. Pouco depois, por volta do início do ano 215 a.C., um novo cônsul foi nomeado, Fábio, que iniciou uma série de ações para recuperar Cápua, enquanto Aníbal assediava os povos da região que ainda não haviam se dobrado. Foi desse modo que os futuros cenários de guerra se estabeleceram, assim como a estratégia dos dois lados.

Com o tempo, Aníbal compreendeu a dificuldade de estabelecer sua hegemonia na Campânia e mudou de estratégia. Então, dirigiu a atenção para a Itália do sul e para Sicília, onde tinha novos aliados, que o convenceram da oportunidade de construir um grande bloqueio antirromano. A importância de contar com o apoio da Magna Grécia era decisivo agora.

Em 214 a.C., o plano de Aníbal começou a se materializar com a ocupação das cidades gregas de Locros e Crotona, onde, de acordo com Grimal:

"... só a aristocracia era favorável aos romanos, enquanto o povo se inclinava aos cartagineses".

Os romanos tentaram neutralizar a arremetida do púnico, mas a metodologia escolhida lhes deu resultados pífios. O desmoronamento romano definitivo não tardou a acontecer, mas, dessa vez, como consequência direta de sua impotência. Naqueles tempos, vários tarentinos e túricos se encontravam em Roma, na qualidade de reféns, quando um emissário tarentino tentou libertá-los e fugir. Seu objetivo teve sucesso pela metade, já que, embora tenham conseguido escapar, mal chegaram a Tarracina foram novamente capturados e devolvidos à metrópole. Roma se enfureceu com os fugitivos e infligiu-lhes um castigo exemplar: depois de açoitá-los, foram jogados da rocha Tarpeia. A notícia correu rapidamente, e quando chegou a Tarento a indignação foi completa, gerando uma oposição a Roma em um setor importante do governo, que mudou para um alinhamento pró-cartaginês. Uma comitiva tarentina se encontrou com Aníbal e estipulou as bases de um pacto comum: a cidade manteria sua autonomia e suas posses seriam respeitadas; a guarnição romana em Tarento, a partir de então, passaria à jurisdição púnica.

Aníbal aceitou de bom grado, mais uma vez, o acordado e partiu com uma força de 10 mil infantes e cavaleiros para Tarento; os romanos estavam a ponto de perder toda a Magna Grécia.

Aníbal chegou à noite nas proximidades da cidade, enquanto nesta se realizava uma celebração religiosa e, com a colaboração de seus aliados locais, surpreendeu a guarda romana. De todo modo, o comandante romano e boa parte de sua formação conseguiram se refugiar na fortaleza, separada da cidade por um istmo estreito que a unia à terra e dominava o porto, onde conseguiram resistir. Corria o verão do ano 213 a.C. e começava um cerco que levaria Aníbal a um desgaste imprevisto. Tampouco Roma estava melhor na Sicília onde, depois de Canas, perderia um de seus principais aliados: Siracusa.

A morte do rei Hierão II de Siracusa, no ano 215 a.C., precipitaria as coisas. A sucessão lógica do trono deveria recair em Gelão, o filho do rei, mas, como tinha morrido antes que seu pai, o sucessor foi Jerônimo, o neto do velho rei, de apenas 15 anos de idade. O monarca novo e inexperiente se viu rodeado de personalidades influentes de Cartago, que o convenceram da necessidade de estabelecer um pacto com Aníbal. As negociações avançaram com rapidez e o general púnico enviou a Siracusa dois de seus melhores homens, Hipócrates e Epícides, que haviam nascido naquela cidade. Entre adulações e promessas oficiais, Jerônimo sentiu confiança suficiente para reclamar o controle de toda a Sicília, em troca de não intervir a favor de Roma e apoiar os planos púnicos na Itália continental. Para Aníbal, de imediato, era suficiente e a aliança ficou firmemente estabelecida. Tempos depois, Jerônimo foi assassinado nas proximidades de Leontino, ao norte de Siracusa, e, após Hipócrates e Epícides conspirarem, ascenderam ao poder máximo. Em outras palavras, depois de uma hábil manobra diplomática e de uma conspiração palaciana traiçoeira, Siracusa havia acabado nas mãos do próprio Aníbal. Cartago festejou muito a solução da questão siracusana. A Sicília voltava a ser uma realidade no mapa púnico.

Uma aliança oportuna

Durante a primavera do ano 215 a.C., chegou a Cápua, enviada pelo rei Filipo V, uma embaixada procedente da Macedônia, encabeçada por Xenófanes de Atenas. Os embaixadores tinham a ordem de fazer um acordo com Aníbal para uma aliança contra Roma, o que, de fato, significava a ampliação da guerra, com o protagonismo de atores que geograficamente estavam longe do teatro de operações original. Já não se tratava dos povos da península italiana, que se alinhavam com um ou outro adversário. A entrada da Macedônia na guerra constituía, por assim dizer, a própria internacionalização do conflito. Sem dúvida, Aníbal confiava que essa primeira aliança teria um efeito multiplicador; na pior das hipóteses aqueles povos e reinos que não quisessem se comprometer abertamente na disputa se veriam, pelo menos, pressionados a adotar certa abstenção. Em todo o caso, a tática servia para isolar e debilitar os romanos.

O pacto entre púnicos e macedônios tinha objetivos de curto e longo prazo e tendia a satisfazer as aspirações das partes em acordo. Por um lado, Filipo V comprometia-se a invadir a península itálica com uma frota poderosa, cujas 200 naves devolveriam aos cartagineses o controle das águas mediterrâneas. Além disso, os macedônios se comprometiam a não reclamar territórios nem butins de guerra na Itália invadida. Como contraparte, Aníbal havia aceitado, uma vez concluída a guerra contra Roma, transportar seus exércitos para a Grécia, para lutar junto à Macedônia, reino que ansiava se expandir por esses territórios.

Enfim, a aliança entre os púnicos e os macedônios ficou selada. Os romanos, sem dúvida, não tardaram em saber das novidades, inclusive capturaram os embaixadores de Filipo V quando voltavam para sua terra. Mas o novo acordo era um fato. A guerra tomava caminhos imprevistos.

Além de estabelecer a aliança com a Macedônia, Aníbal recorreu à ajuda de Cartago, utilizando para isso a maior carta de trunfo: Canas. Então, enviou seu irmão Magão para negociar uma assistência rápida e conveniente; expedia, também, as provas de sua vitória: uma quantidade enorme de anéis de ouro que os patrícios da cavalaria romana haviam usado outrora. O presente de Aníbal para Cartago era, com certeza, arrepiante, mas mostrava seu poder de forma inequívoca. A flor e a nata da cavalaria romana haviam se reduzido, simbolicamente, aos anéis dourados que agora estavam em seu poder.

A metrópole não pôde fazer nada além de responder imediatamente ao pedido de Aníbal, mas não nas quantidades que ele esperava. De fato, Cartago enviou a seu general apenas 4 mil novos cavaleiros númidas e por volta de 40 elefantes, além de dinheiro – mil talentos de prata – e provisões para a continuação da campanha: uma colheita demasiado magra para os objetivos impostos.

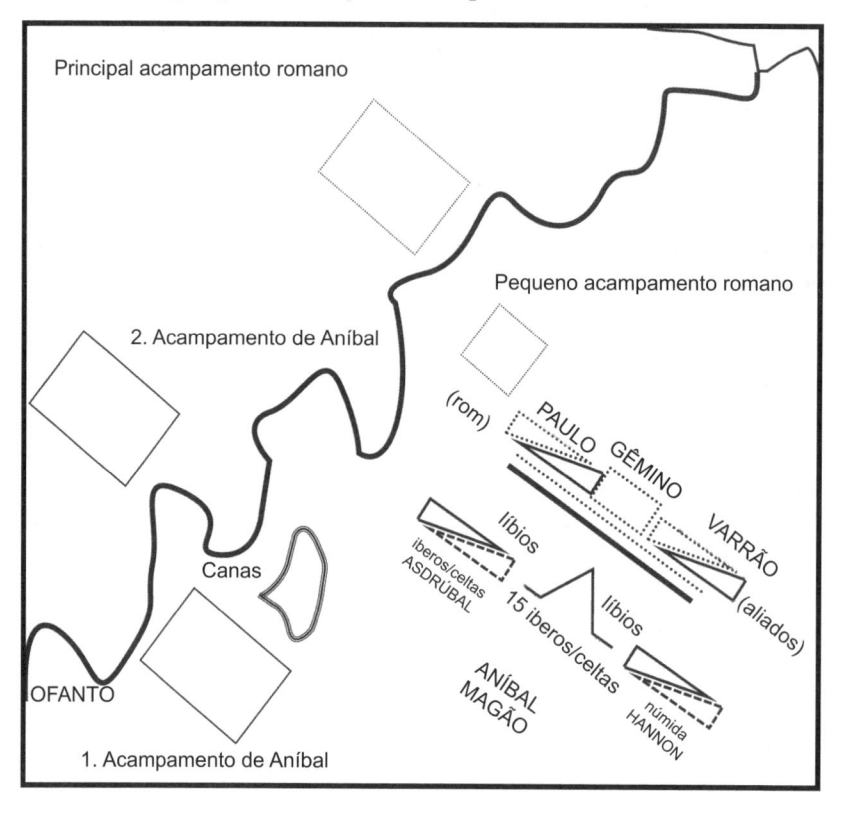

Diagrama da disposição militar que Aníbal organizou para enfrentar o exército romano em Canas.

Permanece a questão: Por que Cartago não ajudava Aníbal com maior veemência?

É provável que alguns senadores e dirigentes importantes não se sentissem tão à vontade com as vitórias contínuas de seu general, triunfos que redundariam, na certa, em sua posição política na própria Cartago de maneira única. Tal receio era suficiente para deixar Aníbal, se não jogado à sua sorte, pelo menos com algumas dificuldades logísticas que lançariam sombras sobre suas ações.

De qualquer modo, Cartago também estava inquieta pela contraofensiva romana na Hispânia, o que, por outro lado, a presenteava com excelentes argumentos para ocupar-se prioritariamente dela e não tanto com o próprio Aníbal.

Qualquer que tenham sido os fatos, o certo é que Roma também manobrara com inteligência e procurou minar as bases ibéricas do poder de seu inimigo. A multiplicação de frentes de batalha servia a Roma para debilitar o púnico em sua peregrinação itálica. E para os inimigos internos de Aníbal a estratégia teve resultado funcional.

Para Cartago, então, era prioritário recrutar infantes e cavaleiros em direção à Hispânia; Aníbal, enquanto isso, deveria se conformar com muito menos.

Uma nova frente: Sardenha

No ano 215 a.C., um novo problema surgiu para os romanos, dessa vez na Sardenha. Embora – paradoxos da História – esse conflito acabaria fortalecendo sua situação.

Naqueles tempos, certo sentimento antirromano se difundiu nessa ilha e Cartago viu a oportunidade de se aproveitar da crise para desestabilizar ainda mais sua rival. Enviaram então Asdrúbal, o Calvo, com uma poderosa quantidade de infantes e cavaleiros. Entretanto, a frota que Asdrúbal comandava foi derrotada nas Baleares e os romanos puderam, mais uma vez, retomar a iniciativa, empreendendo-a, em seguida, contra o pró-cartaginês local, Hampsicora.

Por fim, Asdrúbal chegou a seu destino e uniu suas tropas com o que sobrou das de Hampsicora, mas quando marchava ao encontro das tropas romanas – em Carales – foram interceptados pelo exército de T. Mânlio Torquato. A batalha foi feroz e as forças sardo-cartaginesas foram subjugadas completamente, morrendo em combate não menos que 12 mil de seus homens, enquanto uns 3.500 foram feitos prisioneiros, entre eles o próprio Asdrúbal, o Calvo. Hampsicora, por sua vez, tirou a própria vida, quando soube que seu filho também havia morrido. O que restava do exército sardo-cartaginês fugiu para Corno, mas a cidade caiu pouco depois em mãos romanas e a iniciativa púnica na Sardenha desmoronou.

Os cartagineses tinham perdido não só posições, mas também homens e recursos, que tanto lhes custava repor. Por outro lado, e tão importante quanto o anterior, a recuperação moral dos romanos, depois do desastre de Canas, estava melhorando. Por onde se olhasse, as novidades da Sardenha eram muito adversas para Aníbal.

CAPÍTULO IX
O Império Contra-ataca

Já demonstramos que depois de Canas, longe de esmorecer, Roma se preparou para resistir. Em seguida, as limitações de Aníbal para progredir em seu assalto final terminariam por convencer a Loba de que já era tempo de retomar a iniciativa.

O governo romano vislumbrou três tipos de operações táticas, que implementou de imediato, ainda que nem sempre ao mesmo tempo. Por um lado, decidiu voltar às antigas manobras de Quinto Fábio, ou seja, acossar o inimigo sem travar uma batalha definitiva em campo aberto. Roma havia aprendido a lição e compreendia que, pelo menos por enquanto, nada pior para ela do que encarar Aníbal em uma batalha frontal. Por outro lado, iniciou operações militares para recuperar territórios perdidos, como a cidade de Cápua. Por fim, procurou cortar todo tipo de comunicação entre Aníbal e suas possíveis fontes de reabastecimento, tanto de homens quanto de provisões; o último implicava, sobretudo, quebrar a ajuda que pudesse receber da Hispânia.

Então, Roma pôs mãos à obra.

A campanha para recuperar Cápua se iniciou com rapidez, comandada pelo quatro vezes cônsul eleito, Quinto Fábio Máximo. Aníbal tentou impor limites a seu avanço, mas seu sucesso foi ínfimo. Além disso, o cartaginês não só era incapaz de impedir o cerco a Cápua como também de empreendê-lo contra Nola que, defendida pelo cônsul Marcelo, havia resistido a todos os embates. Com a insatisfação de uma expedição fracassada, Aníbal voltou a Abulia, à espera do fim do inverno.

No ano 214 a.C., Fábio tinha 18 novas legiões recrutadas, parte delas destinada à guerra na Itália. Assim, rearmada e reorganizada, Roma continuou em sua ofensiva contra Cápua, recuperando primeiro Casilino, a cidadela mais próxima daquela.

Estela líbia em pedra com a representação de um cavaleiro númida. Eles tiveram um papel decisivo em todo o período das Guerras Púnicas. A perda da cavalaria númida haveria de ser, para Aníbal, um dos fatores decisivos que provocaria seu ocaso militar.

O revés sofrido em Casilino somou-se à grave situação de indefinição em Tarento, cujo porto, ainda em mãos romanas, era necessário ao cartaginês para o envio e recebimento de mercadorias e recursos para a guerra.

Por onde se olhasse, a situação do púnico começava a se debilitar. Os próximos anos tendiam para a mesma trilha. Nesse ponto, a queda de Siracusa pelas mãos dos romanos não fez mais que confirmar os novos rumos da guerra.

A situação na Sicília havia se mantido em certo equilíbrio instável. Siracusa encontrava-se nas mãos dos cartagineses, mas assediados o tempo todo pelas legiões romanas, comandadas por Ápio Cláudio e pelo cônsul Cláudio Marcelo.

É evidente que Siracusa era uma fortaleza que não podia ser tomada de assalto com facilidade. Seu sistema de defesa era extraordinário e talvez um dos mais eficazes da Antiguidade. Desenhado pelo cientista e inventor Arquimedes, a pedido do rei Hierão, contava com máquinas lançadoras de projéteis de todos os tamanhos e gruas gigantes que, segundo conta a tradição, podiam até agarrar um navio do mar, para depois deixá-lo cair em pedaços.

As defesas de Siracusa impediram os romanos de tomá-la durante quase dois anos de assalto, mas, em 212 a.C., a ocasião se apresentou propícia e os romanos não deixaram de aproveitá-la. A cidade foi saqueada e o próprio Arquimedes foi morto pelas mãos de um soldado romano que, ao não reconhecê-lo, atravessou-o com sua espada.

Com a queda de Siracusa o panorama de Aníbal se ensombreceu. Cartago já não teria uma nova oportunidade de reconstruir sua hegemonia na Sicília e os protestos – às claras ou às escondidas – de alguns senadores contra ele recrudesceram.

Hannibal ad portas!

A situação do general púnico não melhorou de imediato. Inclusive, durante a primavera do ano seguinte, o cerco a Tarento não prosperou e as legiões romanas continuavam o sítio de Cápua sem travar batalhas em campo aberto, porém, sem renunciar a seu bloqueio. Então, Aníbal aproximou-se de Cápua com forças selecionadas e 33 elefantes, tomou a cidade de Calácia e, por fim, para descomprimir o bloqueio, arremeteu contra os quartéis romanos de Pulcro, mas o inimigo rechaçou, mais uma vez, o enfrentamento aberto. Os romanos haviam aprendido a lição: não caíam nas provocações de seu rival.

Então, Aníbal ensaiou uma tática surpreendente e apostou tudo em um simulacro de ataque contra Roma, com a intenção inequívoca de fazer retroceder suas forças, colocadas ao redor de Cápua.

Não obstante, o alarme inicial produzido pela presença do cartaginês nas imediações da Porta Colina de Roma logo foi proclamado. O grito de *Hannibal ad portas!* transformou-se rapidamente para os romanos em um sinal da debilidade do inimigo e para os cartagineses, em grande frustração. *"Os romanos compreenderam o sentido da manobra"*, sintetiza Kienitz. Cápua continuou cercada e o sítio não foi levantado, nem sequer diante da ameaça de Aníbal de atacar Roma. Como forma de prevenção, só uma pequena porção das forças colocadas na Campânia foi solicitada pelo Senado romano, por volta de 15 mil homens comandados pelo cônsul F. Flaco, que voltou, seguindo a Via Ápia, para sediar suas forças ao norte de Roma. Aníbal, por sua vez, estabeleceu-se a apenas cinco quilômetros do coração imperial inimigo, mas os políticos romanos estavam certos e, finalmente, o púnico se retirou.

A manobra de Aníbal teve como resultado um fiasco duplo. Roma não só não se dobrou, como, além disso, aquela operação fracassada teve uma repercussão negativa em Cápua, onde só a cavalaria púnica poderia romper o cerco, que se estreitava cada vez mais.

Os chefes cartagineses em Cápua, Bostar e Hannon invocaram mais uma vez a ajuda de Aníbal e enviaram cavaleiros númidas, com seu correio de auxílio, mas o cerco romano era tão eficiente que, dessa vez, conseguiram capturar os cavaleiros e o recado jamais chegou às mãos do general.

Pelo contrário, os romanos devolveram os mensageiros a Cápua, depois de amputar-lhes as mãos, com a intenção de deixar claramente estabelecido que nada podiam esperar de seu chefe máximo. A repercussão em Cápua foi estremecedora: o Senado local acabou cedendo e, finalmente, abriu as portas da cidade para os sitiadores. Cápua sofreu a represália de uma maneira que não havia imaginado: um tipo de exercício de escaldadura exemplar que, por sua vez, estava dirigido a todos aqueles que duvidavam da temida Loba. Como primeira medida, as terras foram confiscadas, assim como o ouro e a prata, e grande parte da população foi morta ou deportada; o castigo para os dirigentes políticos que haviam se unido aos cartagineses também foi impiedoso e as cabeças dos mentores da mudança de lado não tardaram a rolar.

Com seus feitos, Roma ia paulatinamente reposicionando-se com firmeza, enquanto Aníbal perambulava pelo território sem conseguir uma vitória efetiva. De fato, informado da queda de Cápua, o cartaginês peregrinou, mais uma vez, até o extremo sul, onde tentaria capturar a cidadela de Tarento. Enquanto isso, em Apúlia, as cidades aliadas de Arpi e Salapia também caíam no domínio romano.

A aliança dos púnicos e macedônios tampouco havia progredido muito no terreno dos fatos. Roma tomou suas precauções e enviou P. Valério Flaco com uma frota de 25 naves para a Macedônia, como um primeiro avanço; por todos os meios, deveriam impedir que os macedônios saíssem de suas terras. Tempos depois, Filipo V era vencido em Ilúria, em 214 a.C., embora posteriormente tenha se recuperado em Liso e Atintania. Mas se encontrava muito longe de ocasionar perdas graves a Roma.

De todo modo, os romanos tentaram um modo de anulá-lo definitivamente e para isso conceberam uma aliança com a Liga Etólia, com que conseguiram reacender uma velha rivalidade que mantinha com os macedônios ocupados em resolvê-la. Kienitz julga como *"um pacto de ladrões"* a aliança entre a Liga Etólia e Roma, baseada em uma equação econômica simples:

"... a terra conquistada seria para os etólios, enquanto os prisioneiros e o butim transportável passariam para as mãos romanas".

A estratégia de Roma deu resultados notáveis muito rapidamente, já que Filipo V se viu comprometido em um confronto que ameaçava diretamente seu reino, a partir de quase todas as suas fronteiras. Os macedônios continuaram a aliança com Aníbal, mas sua posição se debilitou muito com a pressão dos etólios. Finalmente, anos depois, em 206 a.C., firmaram uma paz em separado e, em seguida, estabeleceram o pacto de Fenice, que distanciava os macedônios e os cartagineses. Dessa maneira, Roma conseguiria neutralizar uma relação que não lhe era nada propícia.

Na imagem, couraça muscular romana. Os legionários estavam mais bem equipados que os cartagineses para as batalhas. Durante muito tempo, nem os melhores apetrechos militares, nem a superioridade numérica dos romanos, puderam com as surpreendentes táticas bélicas de Aníbal.

No ano de 209 a.C., a sorte parecia inclinada, por completo, em direção aos romanos. Fábio Máximo, agora pela quinta vez eleito cônsul e ostentando o título de *primus inter pares,* o príncipe do

Senado dirigiu suas forças para Tarento, um enclave que, na época, já era um problema insolúvel para Aníbal. Por seu lado, C. Marcelo, também eleito cônsul, em vista de seus feitos militares, movimentou suas forças para Apúlia, onde deveria atacar Aníbal para evitar que este paralisasse Fábio em sua missão. Curiosamente, foi Aníbal quem dessa vez tentou evitar o confronto, mas as manobras do romano foram tais que a luta não pôde ser evitada. Por fim, após duas jornadas de combates dispersos e de sucessos alternados, C. Marcelo conseguiu rechaçar os exércitos de Aníbal, que se retirou com destino a Tarento. De todo modo, os esforços do púnico seriam em vão. Os romanos chegariam primeiro e a cidade, já em mãos cartaginesas, cairia antes que Aníbal pudesse auxiliá-la. Conta a tradição que Roma se mostrou impiedosa com os sobreviventes e 30 mil tarentinos foram vendidos como escravos.

"A tomada de contato com a realidade italiana – sustenta Susini – *induziu Aníbal a rever algumas de suas convicções: antes de tudo havia desaparecido a esperança de que os romanos cederiam com facilidade..."*.

Acrescentando a situação na Hispânia, não existe dúvida de que é muito provável que isso tenha acontecido. Essa convicção, se não de derrota, pelo menos de graves dificuldades, foi para Susini o detonador de *"certos acessos de fúria"* que atacaram Aníbal e que provocaram, em definitivo, ações que pouco contribuíam para que ganhasse a simpatia de alguns povos itálicos.

Diante dessa perspectiva se entende o saque realizado pelo púnico no santuário da deusa Ferônia, ao norte de Roma, no ano de 211 a.C., além da necessidade de se apoderar das riquezas que eram custodiadas lá. De alguma maneira, um sintoma de impotência diante de uma realidade que se lhe mostrava cada vez mais adversa.

Capítulo X
A Guerra na Hispânia

Desde o início da expedição de Aníbal contra Roma, a Hispânia se constituiu em uma possessão de importância primordial. Por um lado, as jazidas de prata que os novos territórios conquistados continham proviam Cartago, de forma conveniente, de fontes de recursos econômicos de grande envergadura, o que permitia sustentar adequadamente, por sua vez, as expedições na Itália. Por outro lado, a Hispânia, como também a Gália, abrigava numerosas tribos aliadas que contribuíam com milhares de homens para somar às forças de Aníbal e às dos que o grande estrategista cartaginês podia convocar, quando delas precisasse.

Roma levava muito em conta esses aspectos centrais do interesse púnico na península ibérica e nessa etapa da confrontação com Aníbal acreditou ser conveniente debilitá-lo atacando sua principal fonte de recursos humanos e materiais. A Hispânia era um alvo singular para uns e outros. Para os cartagineses, tratava-se de manter as possessões conquistadas; para os romanos, libertá-las do domínio cartaginês.

Outro aspecto fazia da Hispânia um enclave estratégico. Simbolicamente, representava o início de um novo período imperial para os cartagineses. Um tipo de rampa de lançamento às antigas glórias do passado e a chave de sua nova hegemonia no Mediterrâneo. Roma soube captar desde o início esse significado, ainda que, no começo, não pôde evitar o avanço púnico lá, por estar travando batalhas decisivas em seu próprio território. Mas jamais deixou de ter consciência do perigo florescente que, finalmente, desabrochou com a já comentada crise de Sagunto.

Com a situação nesse ponto e, em especial, desde a derrota sofrida em Canas, Roma se dispôs a saquear a Hispânia como parte de sua estratégia global. Embora as condições para golpear o coração de Aníbal ainda não fossem propícias, fustigariam seus pés, ou seja, seus pontos principais de apoio. Por outro lado, Roma conhecia quão importante era para um setor do governo de Cartago a conservação da Hispânia e suas riquezas e sabia que ao atacá-la, como represália da campanha de Aníbal na Itália, não tardaria a quebrar a unidade em torno de seu belicoso primeiro general. Com essa decisão tática, o governo político de Roma se preparava para exibir, nas estratégias de longo prazo, as mesmas características que fizeram de Aníbal um militar praticamente invencível em campo aberto: audácia e capacidade de movimentação.

Na época, a situação na Hispânia era de algum equilíbrio dentro das fronteiras do domínio cartaginês. Os púnicos, liderados por Asdrúbal, controlavam uma enorme faixa do território ibérico e só se inquietavam, de vez em quando, com as operações sob comando dos irmãos Cipião – Públio Cornelio e Gneo –, que, embora não tivessem alcançado grandes sucessos militares, pelo menos impediam que seu inimigo ficasse à vontade. Asdrúbal tinha que se manter alerta e vigilante acerca da aproximação romana, o que o impedia de ajudar Aníbal como este desejava e precisava.

Em um primeiro momento, as tropas romanas na Hispânia se limitaram a restringir a margem de manobra de Asdrúbal, evitando o confronto aberto com ele. Uns poucos triunfos militares bastaram, entretanto, para aumentar o moral romano. Cornelio Cipião deambulou pela desembocadura do Ebro, conquistando algumas cidades e tomando de assalto guarnições costeiras. Depois se dirigiu para o interior, entre o Ebro e os Pirineus, e na cidade de Kissa enfrentou as forças de Hannon, a quem derrotou e fez prisioneiro. Além disso, capturou uma parte importante do butim que Aníbal havia guardado na Hispânia.

A tática romana incluía, além disso, o domínio do mar, fundamental para romper os laços entre Cartago e seus exércitos no continente europeu. Como os romanos se mostraram mais eficazes no mar do que em terra, em um primeiro momento cumpriram seus dois objetivos. Inclusive, com o tempo, se aventuraram a castigar populações costeiras pró-cartaginesas, incursionando por Onusa, nas imediações da Nova Cartago, por Logúntica e Ebuso, entre outras.

Enquanto Aníbal se encontrava isolado na Itália, Asdrúbal também estava na Hispânia. O Senado cartaginês não tardou em inquietar-se: os fluxos de prata para suas arcas se encontravam seriamente ameaçados.

Na sequência de Canas, o equilíbrio de forças cedeu. O curioso é que o momento de maior sucesso militar de Aníbal representou, ao mesmo tempo, o início da recomposição romana. E o primeiro degrau foi a Hispânia, onde os romanos começaram a recuperar territórios e cidades de grande importância. De fato, os irmãos Cipião derrotaram até Asdrúbal, no ano 216 a.C., a um grau que Cartago se viu obrigada, um ano mais tarde, a enviar Magão com reforços para firmar sua posição. Ainda assim, a iniciativa romana não pôde ser detida e, em 214 a.C., reconquistaram Sagunto, saldando assim uma das maiores afrontas que haviam sofrido nas mãos dos púnicos. Como era de prever, a repercussão desse acontecimento trouxe, com ela, novas reacomodações políticas e algumas cidadelas aliadas dos cartagineses – como Cástulo – não demoraram a trocar de lado.

Em suma: a História nunca apresenta uma linearidade absoluta e assim como, no momento de maior glória de Aníbal, os romanos começaram a ter a sorte do seu lado, também eles, durante seu "clímax" hispânico, estiveram a ponto de sucumbir.

De fato, no ano 211 a.C., Públio Cornelio Cipião iniciou uma nova campanha, mas foi rodeado pela cavalaria númida de Massinisa – próxima de Cástulo – que arrasou suas forças; o próprio Públio morreu em combate. Menos de um mês mais tarde, seu irmão Gneo, dessa vez perto de uma colina localizada a 20 quilômetros ao norte de Múrcia, teve sorte similar. No intervalo de poucas semanas, Roma havia perdido forças importantes e seus dois comandantes principais. Mais uma vez a situação dos romanos havia piorado e teria sido catastrófica sem o intermédio da oportuna intervenção de Tito Fonteio – lugar-tenente de Públio – e Lúcio Márcio Sétimo, ambos eleitos generais pelos próprios soldados. De fato, sob seu comando, conseguiram conter os cartagineses tempo suficiente para que Roma organizasse e enviasse uma nova expedição. A situação emergente gerou uma conclusão fundamental: os novos comandos romanos foram certamente efetivos, mas não menos certo foi que Asdrúbal careceu do poder necessário para arrasar as legiões quando estiveram acéfalas de comando ou quando a liderança foi improvisada. Com essa leitura dos últimos acontecimentos, Roma acreditou que a hegemonia púnica na Hispânia chegava ao fim, e enviou novas legiões, sob o comando de Cláudio Nerão, para liquidar a questão.

No princípio do verão de 211 a.C., Cláudio Nerão chegou enfim à Hispânia, mas sua campanha se revelou, muito rápido, menos efetiva que o esperado. Inclusive deixou passar a oportunidade de vencer Asdrúbal e seu exército – em inferioridade de condições se comparados com as legiões renovadas –, quando, nas proximidades da atual Catalunha, ambos os lados mediram forças. Pela incapacidade estratégica de Nerão, ou pela conhecida astúcia dos Barca, o certo é que Asdrúbal conseguiu burlar os romanos e se distanciar garboso, protegido pela noite.

Mas Roma estava decidida a acabar com a base cartaginesa na Hispânia e continuou firme sem adiamentos. No fim desse mesmo ano ou princípios do seguinte, foi feita a eleição para um novo pró-cônsul, para comandar as operações no país ibero, cargo que recaiu no jovem Públio Cornelio Cipião, filho do cônsul morto recentemente.

A eleição do novo Cipião não esteve isenta de curiosidades. Segundo conta a tradição, ninguém havia se oferecido para o posto e então Públio o fez, com tal resolução, que – somado ao fato de ser filho de uma vítima de Asdrúbal – convenceu rapidamente o auditório. Os votantes não se importaram com seus 24 anos de idade e com o fato de não ter experiência no consulado ou na pretoria e o aclamaram como novo chefe. Goldsworthy não acredita que, na verdade, as coisas seguiram esse caminho e, tendo em conta que a fonte é Tito Lívio, destaca que a narração deste é *"muito peculiar"*, uma vez que *"não existe evidência alguma de que os romanos atuaram desse modo em nenhuma outra ocasião..."*. Sugere que o Senado já havia decidido a escolha do jovem Cipião e organizou uma eleição pública para legitimar seu candidato.

Seja como for, a esperança de estabelecer a hegemonia romana na Hispânia e evitar, por todos os meios, que a partir dali os cartagineses pudessem ajudar Aníbal, recaiu, então, em um jovem inexperiente, mas de uma temeridade, audácia e herança de combate de acordo com a missão.

Da vida de Cipião foram recuperados traços muito interessantes, que configuram, em suma, o papel destacado que cumpriria primeiro na Hispânia e mais tarde na África, quando seu sucesso lhe daria o apelido com que seria conhecido historicamente: *o Africano*. Seu pai, homônimo, fora cônsul no ano de 218 a.C. e, como era costume entre as famílias patrícias, levava seu filho com ele, com quem compartilhava a tenda de acampamento durante as expedições bélicas. Assim, o jovem Cipião conheceu os rigores das campanhas e a dura vida dos soldados. Segundo a tradição, seu pai foi ferido em um confronto contra forças dirigidas pelo próprio Aníbal e só a intervenção oportuna

Imagem de Cláudio Nerão, que tentou fortalecer o poderio romano diante dos cartagineses, mas não teve melhores resultados.

do rapaz, que teve o impulso de sair e enfrentar sozinho quem havia ferido seu pai, permitiu que o cônsul salvasse sua vida. Também é sabido que era extremamente religioso e tinha o costume de frequentar o templo de Júpiter, no Capitólio, para reflexões solitárias.

Por fim, Cipião partiu em busca de seu objetivo, à frente de 30 naves, uns 10 mil infantes e mil cavalos. Com eles chegou à base romana de Tarragona, onde, sem demoras, confirmou Márcio e Fonteio em seus postos de comando; Caio Lélio, homem de confiança de Cipião, tomou a cavalaria sob sua direção.

A presença das legiões romanas obrigou o exército cartaginês a se dividir para cobrir o vasto território conquistado: Asdrúbal Giscão comandava uma força sediada nas proximidades de Cádis, dominando parte da costa; Magão havia fixado suas tropas perto de Cástulo, na Alta Andaluzia; e Asdrúbal, finalmente, concentrara-se na região dos carpetanos, em Castela. Todos eles se encontravam a não menos de dez dias de marcha de *Nova Cartago*, o que fazia da capital púnica na Hispânia um alvo ideal se, por acaso, pudesse ser atacada antes de receber ajuda de seus três exércitos espalhados. Para a sorte dos romanos, *Nova Cartago* era defendida por uma guarnição de apenas mil infantes e seu porto custodiado por apenas 19 naves. Em termos gerais, uma defesa muito exígua e, por isso, atraente para as legiões romanas.

Cipião não teve dúvidas. Confirmada a distância dos exércitos púnicos de sua capital, decidiu colocar em movimento 25 mil infantes, 2.500 cavaleiros – é possível que os que estavam alocados nas margens do Ebro – e marchou contra *Nova Cartago*, onde chegou depois de uma dura semana de marcha. A frota romana seguia o mesmo caminho, protegendo, por sua vez, a peregrinação das tropas terrestres. A tática de Cipião foi de uma audácia fenomenal. Tratava-se de ganhar tempo para chegar primeiro, o que, em resumo, significava marchar por volta de 65 quilômetros diários para cumprir o objetivo; em outras palavras, um ritmo demolidor que só pôde acontecer sob um comando de reconhecida autoridade e determinação.

Já aos pés da *Cartagena* murada, Cipião proclamou seu orgulho aos legionários. De acordo com o que a tradição conta, gritou com todas as suas forças: *"Capta Carthaginem, capta Hispaniam!"*, ou seja, "Conquistada Cartagena, conquistada toda a Hispânia!".

Sem demora, Cipião bloqueou o porto e acampou a leste da cidade, para se dedicar ao planejamento do assalto final que, apesar da enorme superioridade romana, por se tratar de uma fortaleza murada, podia infligir-lhe pesadas baixas.

O combate por *Nova Cartago* começou quando uma força púnica tentou sair pela porta principal, sendo imediatamente interceptada pelos legionários. Logo os romanos tentaram tomar de assalto parte das muralhas, mas longe do sucesso sofreram numerosas baixas e se retiraram. Por outro lado, o tempo pressionava. Não era estranho que Asdrúbal já soubesse dos movimentos de Cipião e, sem dúvida, encontrava-se a caminho para auxiliar a capital. Cipião sabia que podia sitiar *Nova Cartago*, mas, se os exércitos cartagineses chegassem rapidamente, o sitiado seria ele. Foi quando o cônsul romano obteve uma informação que, definitivamente, garantiria a ele o triunfo: uns pescadores e marinheiros da cidade aliada de Tarragona, conhecedores experientes das águas da região, informaram-se que ao entardecer a maré baixava, de tal forma que a lagoa salgada que se encontrava ao norte da cidade ficava praticamente seca, dando aos romanos uma opção de ataque em um lugar não guardado habitualmente, justamente por se tratar de uma defesa natural.

Com essa informação, Cipião esboçou uma nova tática: enviaria uns 500 infantes com escadas para que se preparassem para escalar as muralhas quando a água lhes permitisse se aproximar delas. Enquanto isso, para causar distração, Cipião manteria o assédio em outros setores da cidade, ao mesmo tempo que uma esquadra de 35 naves atacaria a zona portuária, sob o comando de Lélio, um de seus homens de maior confiança.

Dois dias depois de ter alcançado *Nova Cartago*, Cipião desencadeou o ataque final: Lélio incursionou pelo porto, enquanto uns 2 mil infantes partiam, por sua vez, do acampamento central para a cidadela. A partir das muralhas, receberam uma grande quantidade de dardos, enquanto, a partir da porta principal da cidade, emergiam numerosos infantes dispostos a arrebatar a iniciativa dos romanos. No começo, a batalha foi equilibrada: a experiência e a combatividade dos púnicos faziam frente contra a superioridade numérica dos romanos, mas, paulatinamente, Cipião lançou mão de suas grandes reservas de homens, um recurso que o chefe cartaginês não tinha. O resultado foi inevitável e, pouco a pouco, o arrebatamento dos defensores da cidade começou a ceder terreno. Os mortos e feridos se amontoavam no campo de batalha e a gritaria, tanto do acampamento romano quanto a partir das muralhas de *Nova Cartago*, era ensurdecedora. A confusão foi completa quando o avanço cartaginês, já dobrado pela pressão romana, retirou-se para as portas da cidade. De acordo com Políbio, Cipião participou da batalha, sempre protegido por escudeiros e dirigindo as operações a partir de diversos lugares, sem deixar de estimular os ânimos e dando mais coragem aos homens com sua presença.

A batalha continuou com um fragor extraordinário. Os púnicos que haviam retrocedido se agruparam, mais uma vez, apoiados, a partir das muralhas, por seus correligionários, que não deixavam de lançar seus dardos e projéteis, causando numerosas baixas entre os romanos. Ao cabo de várias horas, Cipião ordenou o cessar dos ataques e o júbilo cobriu os cartagineses, certos de ter aplicado aos rivais uma lição que não esqueceriam. Entretanto, as coisas eram muito diferentes.

Chegava o entardecer; a armadilha pela zona da lagoa já estava perfeitamente coordenada e os soldados a postos, dispostos a realizar seu trabalho. Guiados possivelmente pelos tarraconenses que haviam informado da singularidade da laguna que rodeava uma parte da cidade, os romanos chegaram a pé até as muralhas e, depois de colocar suas escadas, subiram sem que ninguém percebesse a operação. As manobras de distração de Cipião haviam dado resultado e, curiosamente, nenhum cartaginês guardava o lugar mais frágil da defesa.

"Depois de colocar as escadas contra a muralha – assinala Goldsworthy –, *escalaram-na e começaram a avançar pelo caminho do alto do muro até a porta principal. Os poucos defensores com quem se encontraram foram mortos ou postos em fuga com facilidade, já que o grande escudo e a curta espada dos legionários romanos eram especialmente adequados para lutar em um espaço tão estreito".*

    O que se seguiu foi uma coordenação perfeita entre os atacantes romanos, que haviam ingressado na cidade, e seus colegas, que começaram a redobrar a pressão pela porta principal. Com o tempo, uns e outros a destroçaram com machados e espadas, e a porta cedeu. Os defensores de *Nova Cartago* se desesperaram e o pânico sobrevoou suas fileiras. Enquanto isso, os romanos entravam por vários lados, já que todo o sistema de defesa da cidade acabara de entrar em colapso. Lélio e seus homens também penetraram pelo porto e também por pontos diferentes do muro exterior. As forças romanas se espalharam rápido pelas ruas da cidade, enquanto Cipião enviava esquadrões para conter a resistência que ainda persistia em alguns pontos. Mas a sorte de Cartagena estava lançada, rendendo-se, pouco depois, por completo.

    O próximo passo foi uma pilhagem coordenada, comum depois da queda de uma praça importante. A cidade foi dividida em regiões, sendo designado um manípulo para cada uma delas, para recolher todos os objetos de valor. Em seguida eles foram leiloados entre os comerciantes romanos que acompanhavam o exército em suas operações punitivas e, finalmente, os homens foram premiados com uma parte proporcional do butim, sempre de acordo com sua categoria. Com a cidade sob sua proteção, Cipião coletou um butim de grande envergadura: tesouros em ouro e prata, provisões em grande quantidade e todas as naves que se encontravam em seu porto – alguns autores falam de 18, mas outros, de umas 60 –, muitas delas com carregamentos caros.

    A capital púnica, finalmente, havia caído. O Império dos Barca na Hispânia começava a se desnivelar. Em breve, as consequências ficariam às claras, ainda mais quando numerosas tribos locais começaram a declarar sua nova fidelidade à grande Loba romana. A atitude que o próprio Cipião mostrou depois da vitória contribuiu muito para isso, como dar proteção às mulheres nobres hispanas capturadas. Um episódio, em seguida muito difundido em pinturas e tapeçarias, relembra justamente uma dessas ações singulares de respeito, que elevaram ainda mais a fama de Cipião: conta-se que entre as prisioneiras se encontrava uma donzela nobre e bela, esposa de um príncipe da Celtibéria, de nome Alúcio. Os pais da moça se apresentaram diante do general romano com uma grande quantidade de ouro, para oferecê-lo como resgate, mas Cipião, longe de tomar o ouro para si, recusou a fortuna e devolveu a jovem para a família.

Também libertou os escravos que outrora serviam aos cartagineses – porém, em troca de sua fidelidade – e procedeu do mesmo modo com os 2 mil artesãos que foram destinados a fabricar armas para seu exército ou realizar diversos consertos.

Para Cartago e Aníbal, ao contrário, a queda da cidade portuária constituiu o maior revés estratégico sofrido até então e, conforme o curso dos acontecimentos, uma derrota da qual jamais se recuperariam.

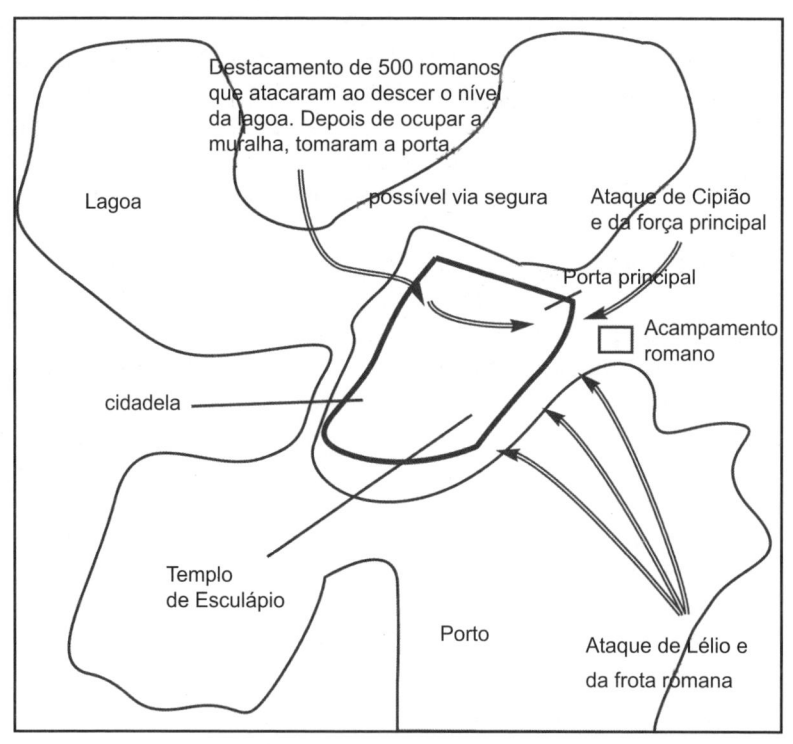

Na imagem, a ordem em que se dispuseram as forças na batalha de Nova Cartago.

Com seu irmão ilhado na Itália, e *Nova Cartago* e outras cidades aliadas antigas nas mãos dos romanos, Asdrúbal considerou oportuno quebrar a iniciativa de Roma com um grande confronto definitivo, em que seriam julgados tanto os destinos da guerra na Hispânia quanto na península itálica. Assim, em 208 a.C., forçou um combate em Baecula (Bailén), onde Cipião derrotou o cartaginês, ainda que não pudesse evitar que ele escapasse com quase todas as suas forças – por volta de 10 mil homens – em direção ao norte. Se bem que parece que a derrota de Asdrúbal não foi tão estrondosa e a batalha de Baecula parecesse quase um episódio marginal na campanha de Cipião, é indubitável que esta causou ao púnico baixas suficientes para forçá-lo a uma retirada da Hispânia, desequilibrando ainda mais a correlação de forças entre cartagineses e romanos na península ibérica.

Asdrúbal dirigiu-se a Navarra, para cruzar os Pirineus rumo à Itália. Lá, nos Abrucios, ao sul de Apúlia, era esperado por Aníbal, que havia se entrincheirado, após a perda de Tarento, à espera de reforços, sempre vigiado, com cuidado, pelas legiões de C. Cláudio Nerão.

Na verdade, a fuga de Asdrúbal significou um revés para Cipião, posto que sua missão prioritária era evitar que ele reforçasse as unidades de seu irmão na Itália, ainda que, certamente, também Aníbal se encontrasse agora sem possibilidades de reabastecimento vindo da Hispânia.

De fato, para evitar ser seguido por Cipião, Asdrúbal teve de tomar um caminho mais longo para chegar à Itália e, no início da primavera de 207 a.C., chegou à Gália Cisalpina. Muito depressa ele se veria cara a cara com os romanos e dessa vez o encontro seria decisivo.

Por seu lado, e durante os anos seguintes, Cipião continuou recebendo as adesões das tribos locais e acumulando sua fama de grande estrategista. De acordo com Grimal, o romano:

"Soubera atraí-los por sua coragem, por sua humanidade e também pela auréola de lenda em que se havia envolvido. Contavam-se coisas estranhas sobre ele (que passava longas horas no Capitólio conversando com Júpiter ou que havia recebido a ajuda de Netuno quando atacou Cartagena)".

Ilipa, o último degrau

Com Asdrúbal Barca fora da Hispânia, Cipião ocupou-se dos demais exércitos púnicos, acossando Asdrúbal Giscão, no sudoeste de Andaluzia, e derrotando-o na batalha de Ilipa, em 206 a.C. A importância dessa batalha reside, essencialmente, em sua grande transcendência simbólica, posto que, apesar de não ter sido de grande envergadura, constituiu de fato o fim do Império cartaginês na península ibérica.

Na ocasião, Asdrúbal Giscão havia unido suas forças com as de Magão Barca, formando um exército com um poderio apreciável: entre 50 mil e 70 mil infantes, segundo as fontes, por volta de 4 mil cavaleiros e não menos que 30 elefantes. A cavalaria, como sempre, essencialmente númida, era dirigida pelo príncipe Massinisa. Contra eles, Cipião reuniu uns 45 mil infantes e 3 mil cavaleiros, ou seja, sua inferioridade era notória.

Apesar do cenário, os romanos assimilaram as experiências do passado e adquiriram, é claro que a um custo demasiado alto, uma destreza de estratégia em seus comandos que em breve se colocaria em evidência. Sem dúvida, Cipião era um comandante notável e sua perspicácia e inteligência haviam sido confirmadas de sobra na batalha de *Nova Cartago*, mas, por sua vez, era tributário das táticas empregadas pelo próprio Aníbal e das empresas militares romanas desastrosas que aconteceram até Canas. Tudo isso, somado à sua própria perícia, transformou Cipião em um chefe triunfador, capaz de vencer no campo de batalha o próprio filho pródigo de Cartago.

Ligeiro, Cipião devolvera a Roma a confiança no sucesso e era abençoado com o apoio do povo e de seus legionários. E agora ia atrás de mais. Ilipa constituiria o último degrau de sua escalada pela Hispânia.

Os acontecimentos foram rápidos.

Quando os romanos estavam organizando seu acampamento e estudando a maneira de distribuir as forças da forma mais conveniente para neutralizar sua inferioridade numérica, caíram sob ataque da cavalaria púnica. Magão e Massinisa encabeçavam a incursão inesperada, exibindo mais uma vez a combinação de duas de suas armas mais eficazes: a surpresa e a cavalaria. Mas Cipião conhecia essas táticas ou, pelo menos, poderia ter previsto que algo assim aconteceria contra suas próprias tropas e tomou precauções suficientes. De fato, o general romano havia colocado uma tropa de cavalaria considerável oculta atrás de uma colina, razão pela qual pôde, rapidamente, iniciar um contra-ataque fulminante, atacando os cartagineses por trás, enquanto grupos compactos de legionários resistiam ao avanço púnico. Dessa maneira, foram os cartagineses os que começaram a ceder terreno, surpresos. Finalmente, depois de sofrer numerosas baixas, a cavalaria de Magão e Massinisa se retirou em debandada. Eles haviam imaginado que sua incursão provocaria o caos entre os inimigos, e o resultado foi exatamente o contrário: os desorientados e desorganizados foram eles.

Esse tipo de escaramuça costumava prenunciar as grandes batalhas, e seu desenrolar não parecia tão decisivo. Serviam para medir forças, conhecer a disposição em campo das tropas adversárias e temperar os ânimos guerreiros e, em geral, haviam sido favoráveis aos púnicos. Mas, dessa vez, os romanos levaram a melhor, e os chefes cartagineses puderam comprovar que, diante deles, havia um inimigo alerta que também podia dar mostras de astúcia militar. É provável que isso provocasse o atraso dos púnicos para iniciar um ataque radical, apesar da vantagem numérica que ostentavam. Vista em retrospecto, toda aquela escaramuça inicial foi um sinal.

Soldado romano talhado em placa de marfim, provavelmente em meados do século III a.C. Foi encontrada na Palestina. A imagem mostra a atenção e o cuidado do Império com os uniformes de seus exércitos. Roma investia muitos recursos econômicos em seu aparato militar.

Nesse ponto, ambos os exércitos se espalhavam um diante do outro e durante horas se mantinham em posição de combate, mas, ao anoitecer, cada um voltava a seu próprio acampamento para cuidar das armas, à espera da batalha definitiva. Esses movimentos se transformaram em uma rotina que se prolongou por vários dias: os cartagineses tomavam a iniciativa e espalhavam seus exércitos a partir de uma altura, formando suas linhas até compreender boa parte da planície que estava aos seus pés. À frente ficava a manada de elefantes e no centro, a infantaria; os flancos eram ocupados pelos iberos e nos lados ficava a cavalaria.

Os movimentos de tropas dos cartagineses, como era de esperar, foram respondidos em uníssono pelos romanos, com seus legionários no centro e seus próprios iberos nos flancos. A cavalaria romana, por seu lado, atinava em se colocar em frente de seu par inimigo.

Não existe grande coincidência entre os autores especializados, quando chega a hora de particularizar, sobre qual dos exércitos se propôs, afinal, a iniciar a batalha decisiva. Se a referência é Goldsworthy, foi Cipião quem decidiu o início, mas com a novidade de que, para esse momento, alterou a formação de seus esquadrões, ficando:

"... os aliados espanhóis que ocupariam a posição central da linha de ataque, enquanto dividia as melhores tropas entre os dois flancos... Uma vez posicionadas as tropas, avançou com maior audácia que nos dias precedentes e não se deteve até se encontrar na metade da planície aberta".

Mais uma vez os cartagineses foram surpreendidos e se viram na obrigação de espalhar suas tropas com presteza, tal como haviam feito antes, com a diferença de que agora a iniciativa era dos romanos – pela primeira vez naqueles dias –; o assombro foi tão intenso que nem sequer estavam preparados ou alimentados como seria conveniente quando soaram as ordens de mobilização. Tão logo os púnicos terminaram de se espalhar, puderam observar que Cipião havia reposicionado suas forças e que as melhores tropas estavam bem em frente das mais fracas dos cartagineses. Evidente que essa mudança implicava, por sua vez, uma contrapartida a favor dos púnicos, ou seja, as melhores tropas cartaginesas poderiam arremeter contra as menos preparadas dos romanos. Mas o que aparentava certa igualdade de condições não era, na verdade, inteiramente verdadeiro. A essa altura da guerra e com Cipião no comando, o exército romano era mais poderoso que o de seu adversário, e seu preparo e ânimo combativo superavam os do cartaginês. O romano contava que, após se desfazer rápido do apoio da infantaria e da cavalaria experientes de seu inimigo, se lançaria com todas as forças contra o núcleo mais duro dos púnicos, e, quando esse momento chegasse, deveria ser contido pelas legiões. O desenvolvimento do combate lhe daria razão muito depressa.

Enquanto isso, as cavalarias de um e outro exército começaram a se enfrentar, ainda que sem resultados claros para nenhum dos lados. Com rapidez, Cipião reiniciou o avanço da infantaria leve, porém, realizando manobras de envolvimento de tal disciplina e velocidade, que os púnicos não conseguiram fechar uma defesa adequada. Os elefantes pouco puderam contra o ataque, e diante da chuva de dardos que a infantaria legionária lhes lançava, fugiram espantados contra as próprias fileiras cartaginesas, aumentando ainda mais a confusão.

Paulatinamente, os cartagineses, surpresos, começaram a retroceder, enquanto as legiões renovavam suas vanguardas com tropas de substituição bem preparadas para uma luta encarniçada. Pouco depois a resistência púnica entrou em colapso: seus flancos cederam e a retaguarda se transformou em debandada, ficando a infantaria pesada sem guarida em seus lados. Os romanos fecharam o cerco provocando uma matança de magnitude. Alguns pesquisadores informam que, quis a sorte, uma tempestade violenta caísse sobre o campo de batalha, impedindo que os romanos continuassem com o que parecia um desbaratamento certo. Mas o destino de Giscão estava lançado: ao cair da noite, muitos de seus aliados desertaram em massa, razão pela qual ele decidiu se retirar vencido.

O que veio em seguida foi um desmembramento completo do exército cartaginês: Giscão se refugiaria com seus sobreviventes em Gades, enquanto Magão abandonaria Cádis com os sobreviventes de seu exército e frota, refugiando-se nas ilhas baleares.

Sem exércitos cartagineses de peso na Hispânia, Cipião cessou sua campanha: primeiro, por uma doença que o prostrou por algum tempo; depois, para se encarregar de situações não muito claras de sublevação em sua própria tropa. De qualquer maneira, ocupou-se muito rapidamente de saldar as contas com aquelas populações hispânicas que ainda não haviam decidido se dobrar diante de Roma, de forma muito especial as cidades de Ilurgia e Castace. Mas isso não seria um grande problema para Cipião, decidido com firmeza a acabar com esses focos de resistência. Conforme narra Huss:

"Ele, em pessoa, e Lélio tomaram Ilurgia e provocaram um banho de sangue desumano na cidade. Sétimo deveria sitiar Castace: mas a cidade se rendeu logo que P. Cipião se postou diante de suas muralhas...".

Depois, outras cidades menores como Ostipo foram caindo progressivamente. De sua parte, Cartago estava abatida com uma

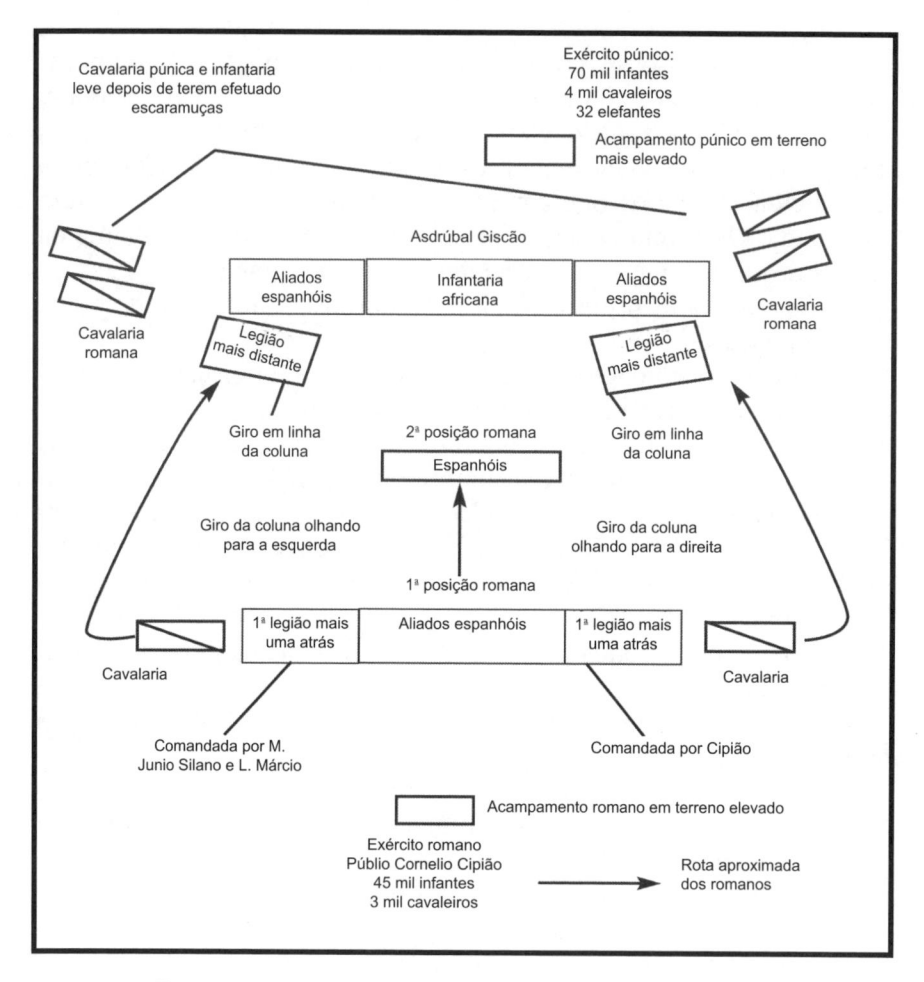

```
┌─────────────────────────────────────────────────────────────────┐
│  Cavalaria púnica e infantaria        Exército púnico:          │
│  leve depois de terem efetuado        70 mil infantes           │
│         escaramuças                   4 mil cavaleiros          │
│                                       32 elefantes              │
│                                                                 │
│                                   Acampamento púnico em terreno │
│                                          mais elevado           │
│                                                                 │
│                      Asdrúbal Giscão                            │
│              ┌────────┬──────────┬────────┐                     │
│              │ Aliados│ Infantaria│ Aliados│                    │
│              │espanhóis│ africana │espanhóis│                   │
│              └────────┴──────────┴────────┘                     │
│  Cavalaria                                        Cavalaria     │
│  romana    Legião                    Legião       romana        │
│         mais distante             mais distante                 │
│                                                                 │
│         Giro em linha   2ª posição romana   Giro em linha       │
│          da coluna         Espanhóis         da coluna          │
│                                                                 │
│        Giro da coluna olhando   Giro da coluna                  │
│          para a esquerda      olhando para a direita            │
│                          1ª posição romana                      │
│              ┌────────┬──────────┬────────┐                     │
│              │1ª legião│ Aliados  │1ª legião│                   │
│              │mais uma│ espanhóis│mais uma│                     │
│              │ atrás  │          │ atrás  │                     │
│              └────────┴──────────┴────────┘                     │
│   Cavalaria                                       Cavalaria     │
│                                                                 │
│   Comandada por M.              Comandada por Cipião            │
│   Junio Silano e L. Márcio                                      │
│                                                                 │
│                  Acampamento romano em terreno elevado          │
│         Exército romano                                         │
│       Públio Cornelio Cipião      ──────▶  Rota aproximada      │
│         45 mil infantes                     dos romanos         │
│         3 mil cavaleiros                                        │
└─────────────────────────────────────────────────────────────────┘
```

*Diagrama que esquematiza a disposição das tropas romanas
e cartaginesas na batalha de Ilipa.*

desesperança profunda. A única alternativa que lhe restava, fosse para conseguir algum triunfo ressonante ou para negociar uma paz com Roma a partir de uma posição de força, era apoiar Aníbal, e para isso ordenou a Magão que partisse em seu auxílio, justamente quando este vislumbrava uma leve esperança de tomar pé, novamente, na Hispânia, animado pela resistência daquelas mesmas cidades que Cipião não tardou em massacrar.

Nesse ponto, em 205 a.C., o mais jovem dos Barca partiu da ilha de Minorca com 30 naves e 4 mil infantes, chegando à costa da Ligúria, de onde marchou para conquistar, com sucesso, Gênova e Savona. Porém, seus triunfos foram ofuscados de alguma maneira, pois, após sua partida, Gades também se entregou aos romanos.

A partir de então, restava um só poder em toda a Hispânia: o de Roma.

A batalha final contra Cartago, então, já não se estabeleceria nessas terras e Cipião começou a esboçar sua última estocada. O objetivo agora era a própria Cartago, no norte da África.

CAPÍTULO XI

O Princípio do Fim

Se a perda de *Nova Cartago* e a fuga apressada de Asdrúbal para a Itália haviam prejudicado seriamente os planos de Aníbal, a assombrosa derrota cartaginesa em Ilipa e nas cidades que ainda resistiram mais um tempo ao predomínio romano acabou por selar sua sorte. Mas as legiões ainda não podiam assumir um triunfo definitivo sobre seu grande inimigo. De qualquer modo, o mapa da guerra se apresentava amplamente favorável à grande Loba romana. E não só na Hispânia: se lá o saldo era negativo para os cartagineses, na Itália as coisas não eram diferentes.

De início, a tensa calma e a indefinição se mantiveram em território latino durante quase todo o ano de 208 a.C. Aníbal continuou isolado, uma vez que seu exército cada vez mais debilitado, a essa altura, estava mais preocupado em sobreviver às penúrias de uma campanha longa e esgotante, sem que pudesse receber reposições e abastecimento. Os romanos, por sua vez, mais desafogados do ponto de vista militar, insistiram na iniciativa, mas, naquele ano, perderam uma de suas figuras mais emblemáticas: o pela quarta vez cônsul, Cláudio Marcelo, que havia se dirigido – com o também cônsul T. Crispino – ao Brutio, para não perder as pegadas de Aníbal e até, se a oportunidade fosse propícia, enfrentá-lo em uma batalha definitiva.

Com esse propósito inocultável, Cláudio Marcelo e Crispino montaram seus acampamentos em uma região de fronteira entre a Lucânia e a Apúlia, separados de Aníbal apenas por uma colina. Como a altura divisória era muito arborizada, o púnico destacou um grupo significativo de cavaleiros númidas para que, ocultos entre as árvores, aguardassem a passagem das patrulhas inimigas. A emboscada foi armada e muito depressa daria resultados insuspeitáveis para Aníbal. Tal como havia previsto o púnico, uma esquadra romana calhou de passar, em missão de reconhecimento, pelo lugar, mas a surpresa cartaginesa seria grande quando descobriram que, em vez de se tratar de expedicionários, eram os dois cônsules em pessoa que se aventuravam até lá, acompanhados apenas de uma pequena escolta. O combate foi tão breve quanto mortal para os romanos: Marcelo caiu atravessado por uma lança e Crispino, ferido com gravidade, conseguiu, a duras penas, fugir para morrer pouco depois.

O ano acabava assim com dois episódios graves para ambos os exércitos. O ano seguinte, ao contrário, voltaria a colocar os romanos em uma situação de superioridade com a promessa de ser definitiva, o que os acontecimentos relatados na Hispânia confirmaram plenamente.

A batalha do Metauro

Como já mencionado, Asdrúbal fugiu com boa parte de suas tropas das terras hispânicas para a Itália, com o objetivo de unir forças com as de seu irmão Aníbal. Juntos, acreditavam, poderiam se bater contra os romanos e devolver-lhes a afronta sofrida em terras ibéricas.

A situação para Roma, ao contrário, era paradoxal. Por um lado, expulsara o general púnico mais perigoso e audaz da Hispânia, deixando o campo aberto para a reconquista da península. Por outro, Roma voltava a ter um exército cartaginês poderoso em seu território que, se chegasse a ter sucesso em sua missão de se unir com o de Aníbal, reanimaria a guerra na Itália, com uma envergadura muito preocupante. De todo modo, Roma contava com a ferramenta inestimável de conhecer os objetivos cartagineses, e pôs mãos à obra para impedi-los. Vendo de outro modo, contava com tempo suficiente para a execução: Asdrúbal incursionava vindo do norte e Aníbal se encontrava no extremo sul da Itália; além disso, aquele vinha de uma derrota (Baecula), extenuado pela cruzada dos Alpes, e seu irmão se encontrava virtualmente sitiado, debilitado e acossado pelas legiões. Por onde se olhasse, a empreitada dos Barca parecia destinada ao fracasso. Em todo o caso, eram dois Barca, e o Senado romano não poupou esforços e cuidados para neutralizá-los. Como primeira medida, e depois das eleições dos cônsules do ano de 207 a.C., os cargos recaíram em Cláudio Nerão e M. Lívio Salinator, a partir de então os encarregados de se livrar da ameaça.

Enquanto isso, Asdrúbal chegou ao vale do Pó em abril e sitiou Piacenza, uma praça forte que retardou ainda mais sua marcha. Também acreditou ter tido algum sucesso, sobretudo porque se uniram a eles contingentes gauleses e lígures com os quais continuou sua travessia pela Romanha. Também enviou emissários a seu irmão, detalhando progressos e trajetos, emissários que, ao caírem nas mãos dos romanos, revelaram as rotas que tomaria em direção ao sul: uma informação estratégica que, conhecida pelos inimigos, selou sua sorte.

Os romanos decidiram atacar os irmãos Barca separadamente. Lívio enfrentaria Asdrúbal; e Nerão, Aníbal. O domínio das estradas interiores lhes permitia se aproximarem deles com maior velocidade e economia de esforços. Assim, Nerão alcançou Aníbal em Grumento, com uma força de pouco mais de 40 mil homens, dos quais uns 2.500 integravam a cavalaria. O choque foi feroz e o púnico levou a pior parte, tendo que se dispersar com grandes perdas. Mais uma vez, Aníbal ficou cercado e vigiado cuidadosamente pelas legiões. Após seu sucesso, Nerão dirigiu-se para o norte com uma força de 7 mil infantes experientes, com a ideia de se unir a Lívio, para juntos fecharem as contas com Asdrúbal.

Lívio seguiu de perto o outro Barca e, quando este se fixou nas proximidades do rio Metauro, o romano fez o mesmo, aguardando reforços. Quando Nerão chegou com seus homens, os dois cônsules concordaram em se apresentar para a batalha sem demora.

Asdrúbal não demorou para perceber o perigo que o ameaçava e escolheu evitar o confronto. Mas era tarde demais. Tentou, então, cruzar o rio, mas seus esforços foram em vão: sem grandes conhecimentos da região em que se encontrava, não soube por onde atravessá-lo. E os romanos estavam cada vez mais perto.

De fato, as legiões haviam iniciado seu avanço espalhando-se em três flancos: Lívio comandava a ala esquerda; Lúcio Pórcio, o centro; e Nerão, a ala direita. Asdrúbal, por sua vez, quase de costas para Metauro, achou por bem colocar seus dez elefantes no centro, e ele mesmo se postou atrás, dirigindo seus lígures; na direita, dispôs seus aliados hispanos, e à esquerda, a cavalaria e infantaria celtas.

A batalha foi cruenta e breve. Mais uma vez os romanos deram uma mostra cabal de sua organização, disciplina e velocidade e, depois de realizar várias tentativas e movimentos envolventes, conseguiram atropelar o flanco direito dos cartagineses e sua retaguarda. A debandada se generalizou entre as tropas púnicas, que caíram em uma proporção cinco vezes superior que a de seus inimigos enraivecidos: finalmente o campo ficou coalhado por mais de 10 mil cartagineses e uns 2 mil romanos. A vitória havia sido completa e como prêmio precioso Roma havia cobrado a vida de Asdrúbal.

Após a matança, ainda restava um ato para realizar. Cláudio Nerão partiu ligeiro para seu acampamento de Apúlia, levando uma mensagem para Aníbal: a cabeça de seu irmão que, segundo relata Kienitz, foi jogada *"aos pés do sentinela de Aníbal"*. Outros autores afirmam que o presente macabro chegou ao chefe púnico por meio de um dos prisioneiros ou que, simplesmente, a fizeram rolar até o acampamento dele. Qualquer que tenha sido a forma que a cabeça mutilada de Asdrúbal tenha sido levada ao seu irmão, o certo é que chegou com a força de uma premonição: cedo ou tarde, qualquer Barca que enfrentasse Roma acabaria de igual maneira.

Não é difícil imaginar a reação de Aníbal. A guerra contra a Loba já havia cobrado a vida de seu pai e de seu cunhado na Hispânia e a de vários de seus chefes mais aguerridos. Agora havia sido a vez de Asdrúbal. Quando seria a sua?

Em um primeiro momento, consumido pela dor e pela derrota, reuniu seu exército e partiu para o Brutio, nos confins do sul da Itália. A fantástica ideia de unir suas forças com as de Asdrúbal havia resultado no maior de seus fracassos e só lhe restava se recuperar para tentar, mais uma vez, continuar uma guerra que já se revelava perdida. Da lenda de Canas só restava isso: uma lenda. A realidade mostrava, ao contrário, que dos cartagineses na Itália só restava um exército extenuado e desmoralizado, confinado em uma região pequena que, de tão extrema, parecia não ser, sequer, uma parte da península.

Capítulo XII

Derrota na África

O ano 205 a.C. apresentou-se para os cartagineses mais complicado que os anteriores. As perdas da Hispânia e o fracasso contundente de Asdrúbal na Itália haviam ficado para trás. Aníbal, por sua vez, estava imerso na maior imobilidade, que Huss explica pela ação de três fatores básicos: os reveses dos últimos anos; *"uma epidemia devastadora"*, que dizimou ainda mais seu exército; e, por fim, a falta de reforços que Magão deveria enviar e não chegaram. Para completar seu quadro delicado, os romanos estavam mais fortes que nunca, militar e animicamente; eles haviam encontrado um chefe – Cipião – que se erguia como um vencedor incansável e as legiões não paravam de assediar as hostes púnicas. Por último, as retiradas de Aníbal debilitaram as bases de seus acordos com os aliados que até então o haviam apoiado, laços de conveniência que não tardaram em se romper e mudar de interesses. Nesse sentido, a mudança de direção dos númidas será o passo prévio para a derrota definitiva do grande cartaginês.

Enquanto isso, longe de se conformar com as vitórias alcançadas, Cipião continuou fortalecendo o domínio romano e, com os olhos postos na costa africana, dirigiu-se para lá a fim de preparar sua última cruzada.

Porém, Cipião também enfrentava algumas contrariedades, sobretudo no Senado romano, onde muitos homens da política estatal viam com aversão o enaltecimento de um general que, segundo Huss, ameaçava levar seus planos *"ante a assembleia do povo, caso o Senado não os aprovasse"*. A situação era complexa:

"O Senado – nota Grimal – quis privar Cipião de recursos, e só havia conseguido fazer dele um herói de todo o povo...".

Em um primeiro momento, os senadores lhe deram autorização para levar adiante sua estratégia africana, mas chegaria o tempo em que poderiam saldar contas com aquele militar que, de fato, jamais conseguiria desenvolver uma carreira política de acordo com o que suas vitórias nos campos de batalha pressagiavam.

Independentemente de como tenha acontecido, o certo é que Cipião organizou uma primeira expedição para a outra margem do Mediterrâneo, da qual encarregou seu lugar-tenente Lélio, aquele que dirigira a frota romana quando da queda de *Nova Cartago*.

A missão de Lélio foi coroada pelo sucesso e, após desembarcar seus 30 navios em Hippo Régio, ocupou os arredores da cidade portuária. Inclusive Massinisa, o númida, foi até lá para ajustar um pacto de apoio mútuo. A ruína de Cartago traria uma luta impiedosa pela hegemonia regional no norte africano e os príncipes númidas já faziam suas contas. No futuro próximo, seria muito importante contar com o apoio romano e haveria de dar mostras de "lealdade" rapidamente. O rei númida, Sífax, não tinha um comportamento distinto, e com muita presteza ambos os númidas brigariam pela bênção romana. Mas não nos adiantemos.

A presença romana no norte africano no mínimo desencadeou o pânico em Cartago, cujo governo sabia bem que Roma cobrava cada uma de suas dívidas. E a essa altura as faturas que a Loba tinha em pendência com a cidade que projetou Aníbal eram muitas. Sem perda de tempo, o Senado cartaginês se mobilizou: recrutou novas tropas, preparou-se para um sítio militar longo e enviou emissários para pedir ajuda, tanto aos diferentes reinos africanos como também a Magão e Aníbal, encravados longe de sua metrópole.

Apesar de seus avatares bélicos, Cartago continuava sendo uma potência, e muito rápido destinou cem navios abarrotados de homens e abastecimento para seus generais. Confiava que, entregando forças suficientes, eles bem poderiam reanimar a guerra na Itália e neutralizar os planos da invasão romana na África. Mas sua desilusão foi grande quando parte da frota caiu em mãos de Otávio, embora a outra conseguisse alcançar Magão, de acordo com Huss, em uma localidade nas proximidades de Gênova. Assim, Magão reforçou suas fileiras e se preparou para recrutar mercenários. A empresa, porém, demoraria tempo suficiente para que os romanos colocassem à sua volta um artefato isolante que limitasse seus movimentos.

Aníbal, por sua vez, não teve melhor sorte e para completar seus males perdeu a cidade de Locros, sem que pudesse auxiliar a guarnição cartaginesa que a controlava.

Com as coisas nesse ponto, no ano 204 a.C., o mapa do conflito entre Roma e Cartago havia se reduzido consideravelmente. Para o oeste, a Hispânia estava libertada da presença púnica e, na própria Itália, Magão e Aníbal se encontravam cercados. Em direção ao leste, as aventuras guerreiras de Filipo V da Macedônia também haviam terminado. Para Roma só sobrava a África, ou seja, colocar Cartago de joelhos de forma definitiva. Nos anos vindouros, também isso deveria ser solucionado.

Prelúdio africano

Enquanto Cipião ultimava seus planos de invasão, outro Asdrúbal, filho de Giscão, formou uma aliança com o rei Sífax para enfrentar os romanos. A atitude de Sífax certamente era ambígua. Por um lado, buscava se erguer como mediador entre romanos e cartagineses; por outro, enquanto Massinisa se colocava do lado dos primeiros, apoiava os segundos pensando em terminar com os apetites de seu competidor númida. Mais além das alternativas duais de Sífax e a entrega resoluta de Massinisa aos braços romanos, o certo é que também uma definição dentro do reino númida se aproximava, e os limites de ação de um e de outro se esgotavam com rapidez.

De sua parte, Cipião decidiu-se por invadir a África e, com uma frota poderosa de 400 navios de carga, transportou suas forças em direção ao cabo Tarina. Logo dirigiu suas legiões para Útica, a noroeste de Cartago, onde seu aliado Massinisa também se uniu a suas tropas. Em tal região se dariam as primeiras batalhas entre romanos e cartagineses.

De acordo com Huss:

"No primeiro embate das forças inimigas em solo africano, os cartagineses levaram a pior".

Em seguida, as coisas seguiriam pelo mesmo caminho. Cipião e Massinisa subjugaram as forças cartaginesas apoiadas por Sífax, cujos acampamentos ficaram envoltos em chamas.

"Um contra-ataque de Sífax e dos cartagineses, na primavera de 203 a.C., acabou em um desastre para eles", sintetiza Grimal.

A guerra se estendeu um pouco mais e em junho ambas as forças voltaram a se confrontar, dessa vez nos Grandes Campos, onde uns 30 mil cartagineses, númidas e aliados celtas se chocaram com Cipião. O resultado foi o mesmo: os romanos e os númidas de Massinisa esmagaram a aliança que os púnicos haviam estruturado e sobreveio outra derrota.

Os númidas de Sífax, porém, tentaram uma última reação e, após se reagruparem, travaram outra batalha. Foi o fim para Sífax. O vencedor ainda teve espaço para dar uma estocada final: casou-se com a esposa de seu rival e tomou a cidade de Cirta, a mais importante que se mantinha fiel a Sífax, para logo se dedicar a lutar contra as cidades menores, que ainda manifestavam fidelidade ao rei morto. É óbvio que Massinisa resolveu a seu favor a questão númida e Cartago perdeu um de seus últimos aliados.

A notícia voltou a causar pânico em Cartago, mas dessa vez os senadores púnicos mudaram sua orientação. Persistir na guerra contra Roma só acarretaria maiores males à cidade, e nada podia prever que poderiam deter os romanos. A paz se impôs, como fruto de uma derrota militar inquestionável. É claro que Cipião festejou radiante a mudança de atitude cartaginesa e se animou a impor suas condições:

Devolução, sem custo, dos prisioneiros de guerra.
Retirada imediata dos exércitos cartagineses ainda estabelecidos na Gália e na Itália.
Abandono de toda pretensão na Hispânia.
Abandono das possessões cartaginesas nas ilhas localizadas entre os dois continentes.
Desarmamento da frota de guerra e manutenção de não mais que 20 navios.
Pagamento de uma indenização de 5 mil talentos de prata.
Libertação dos reféns de guerra.

Cartago aceitou as condições de Cipião e encomendou uma embaixada para formalizar em Roma os novos termos de paz.

Tudo fazia crer que a guerra havia terminado. Mas ainda faltava um ponto a ser resolvido: Aníbal.

O regresso de Aníbal

O Senado cartaginês também manteve um discurso ambíguo. Por um lado, a aceitação imediata de conversações de paz livrava a cidade de uma invasão romana catastrófica; por outro, e conquanto Aníbal mantivesse viva a esperança de alguma recomposição de suas tropas, o Senado confiava em suas habilidades militares e políticas para, pelo menos, obter uma posição de negociação melhor.

Como as negociações de paz com os romanos foram se dilatando, o Senado cartaginês optou por chamar seu filho pródigo para que retornasse à metrópole e o mesmo foi solicitado a Magão.

Encontro entre Aníbal e Cipião. Nessa tapeçaria, podem-se observar com clareza os trâmites de negociação da época.

Aníbal empreendeu a travessia durante o outono de 203 a.C. Localizado ao sul da Itália, sua viagem não exigiria muito tempo. Magão, ao contrário, encontrava-se ao norte e em más condições; de fato havia sido ferido e não sobreviveu à travessia, morrendo ao sul da Sardenha.

A chegada das tropas de Magão e de Aníbal produziu uma inversão na situação apresentada. A paz havia sido encerrada novamente, e ambos os lados voltaram a se preparar para a batalha. O Senado romano protestou com violência, mas os púnicos haviam optado pelas armas.

Até onde os comandos romanos respeitavam Aníbal é demonstrado pelo extenso preparo a que se submeteram para vencê-lo de uma vez por todas. Apesar de terem a região que circundava Cartago sob controle e de contarem com o apoio do númida Massinisa – ansioso para incorporar territórios púnicos aos seus –, não se lançaram contra a capital cartaginesa. Em vez disso, Cipião dirigiu, como indica Huss, *"... uma expedição de castigo através do interior do país"*, capturando numerosas cidades menores e reduzindo a população à escravidão.

Aníbal, enquanto isso, encarregava-se de recrutar novos aliados e fortificar seu exército, atividade que lhe tomou por volta de um ano.

No outono seguinte, o cartaginês reuniu suas forças nas proximidades de Zama, a uns 160 quilômetros a sudoeste de Cartago, onde se travaria o último combate das Guerras Púnicas.

A partir de Zama, Aníbal enviou emissários ao acampamento de Cipião, para marcar um encontro. O romano aceitou o convite, mas não especificou nem o lugar nem a data e demorou em resolver essa questão: tentava ganhar tempo para permitir a chegada do conjunto de suas tropas e as de seu aliado Massinisa, que por fim entregou a ele a quantia nada desprezível de 6 mil infantes e 4 mil cavaleiros da tão temida cavalaria númida. Pouco depois, tendo completado seus exércitos, Cipião foi para Naraggara, onde montou acampamento. Então, convocou Aníbal para realizar o encontro que havia ficado pendente. O cartaginês também mobilizou seu exército até onde se encontrava Cipião e, em um lugar a igual distância dos dois exércitos, Aníbal e Cipião finalmente se encontraram.

"Não se pode afirmar com segurança o conteúdo das conversas mantidas por eles, explica Huss, *mas, apesar disso, parece que certa verossimilhança fala a favor de que Aníbal propôs a renúncia definitiva de Cartago a todas as possessões anteriores de fora da África com a condição de que os romanos se retirassem desta..."*

É claro que Cipião considerou inaceitável a proposta e presume-se que exigiu a rendição dos cartagineses. O diálogo entre os dois generais mais brilhantes da guerra só poderia terminar em um fracasso retumbante. Despediram-se, então, convencidos de que as armas dariam o último veredicto.

A batalha de Zama

No preâmbulo de Zama, nada levava a crer que uma batalha como a de Canas podia chegar a acontecer. Nenhuma condição era semelhante.

As forças com que contava Aníbal não superavam 40 mil infantes e uns 5 mil cavaleiros, aos que se somaram 80 elefantes, uma quantidade de animais com que jamais havia contado anteriormente. Apesar de se tratar de uma força de poder significativo, era também uma tropa desmoralizada e já sem os melhores quadros militares púnicos, que haviam caído nas sucessivas derrotas dos últimos anos. Por outro lado, era bastante óbvio que os cartagineses se encontravam em uma contenda defensiva e não ofensiva, e, portanto, a iniciativa viria dos adversários.

Os romanos, em contrapartida, eram o oposto: cada vez mais animados e mais bem abastecidos, contavam com tropas de reforço suficientes, todas elas bem alimentadas e com experiência crescente na organização e disciplina militares. Dificilmente poderiam ser varridos por uma força composta em sua maioria de mercenários ignorantes das artes da formação bélica coletiva.

Nesse estado de coisas, Aníbal distribuiu seu exército em três linhas e colocou sua cavalaria nos intervalos. Como sempre, os elefantes seriam a força de choque central, atrás da qual se agrupava a infantaria.

Cipião, de sua parte, também espalhou suas legiões, que eram um tanto inferiores numericamente ao oponente, mas nos flancos colocou a cavalaria númida, aquela que outrora fora sua condenação e agora ungia como uma de suas peças-chave.

Aníbal sabia que podia esperar pouco de sua cavalaria, inferior em número e qualidade à dos númidas pró-romanos, razão pela qual apostou que os elefantes do centro conseguiriam semear a confusão e a maior destruição possível. Em teoria, isso era correto, mas, agora, à frente das legiões se encontrava Cipião, que também tirou conclusões semelhantes. Pelo menos isso se conclui pela tática que utilizou: abrir grandes corredores para que os animais passassem em seu estouro, sem provocar maiores danos em suas fileiras.

Com a primeira tática de Aníbal neutralizada, a batalha se desenrolou com crueldade em dois sentidos. Aníbal tentou que a cavalaria de Massinisa, que atacava pela direita, não se unisse com a de Lélio – que fazia o mesmo pela esquerda –, o que teria significado uma cilada mortal. Para isso enviou seus mercenários, apoiados pelos cartagineses e líbios, aguardando por fim a entrada em ação dos veteranos, que deveriam decidir o resultado da luta. Cipião, por sua vez, também tinha planos traçados e confiava que seus cavaleiros dobrariam os flancos púnicos apoiados por seus corpos legionários em movimento.

De todo modo, uma autêntica desgraça se desencadeou entre os púnicos, quando os mercenários – cansados de não conseguir o apoio desejado – lutaram igualmente contra romanos e cartagineses-líbios, quebrando por completo o jogo de equilíbrios que até então vinha se desenvolvendo. É claro que, nesse caos, as colunas de Aníbal cederam e pouco sobrou de suas vanguardas. Então, ordenou a retirada para onde estavam os veteranos, a quem deveriam proteger pelos lados.

Cipião havia dado ordens de perseguir o resto dos flancos de Aníbal e quando a cavalaria de Massinisa e Lélio voltou de sua perseguição, atacou os veteranos e seus flancos, a partir de sua própria retaguarda. Pelo lado contrário, tanto na frente como nos flancos, a infantaria romana também avançou, provocando um autêntico massacre. Se algo se assemelhava a Canas, era exatamente em sentido inverso. Os cercados eram os púnicos agora que, apesar de resistirem heroicamente, foram derrotados no final.

No final da jornada sangrenta, 19 de outubro de 202 a.C., pouco sobrava do exército cartaginês: suas perdas chegaram a 25 mil mortos e quase 10 mil prisioneiros. O próprio Aníbal teve de fugir apressado para conservar a vida, refugiando-se primeiro em Andrimes e, por último, na própria Cartago.

Os romanos compilaram uns 2 mil legionários e quase 3 mil cavaleiros númidas mortos (essa última cifra deixa claro até onde a cavalaria suportou o maior peso na luta).

Vista geral da cidade de Cartago antes da destruição produzida pelos romanos.

Após a batalha, e herdeiro das experiências que asseguravam a grande capacidade de recomposição dos cartagineses, Cipião não duvidou um instante e ordenou marcharem velozmente para Cartago, onde o exército romano deveria confluir para acabar com qualquer tentativa de resistência. Também ordenou à sua frota que se dirigisse para aquela cidade, mas sua intervenção não seria necessária.

O Senado cartaginês, conhecedor dos resultados da batalha de Zama, enviou emissários de paz para frear Cipião.

E dessa vez, sim, a paz se impôs como consequência de uma derrota definitiva.

A paz romana

As condições impostas pelos romanos foram de uma dureza extrema. Tratava-se de não deixar nenhuma possibilidade de outra aventura militar por parte dos púnicos. De início, Cipião informou aos embaixadores cartagineses quatro condições para entrar em negociações, após as quais lhes explicitaria suas exigências específicas. Huss as descreve:

"1. Os cartagineses pagarão o prejuízo causado aos romanos durante o armistício anterior por causa do aprisionamento de seus barcos de carga e de carregamento.

2. Os cartagineses responderão, enquanto dure o armistício, pela assistência e pelo pagamento das tropas romanas.

3. Os cartagineses entregarão – até a conclusão do tratado de paz – 150 reféns jovens, escolhidos pelos generais romanos.

4. Os romanos suspenderão todos os saques a partir do primeiro dia do armistício".

As condições de paz propostas pelos romanos eram similares às que haviam imposto por ocasião da ruína púnica em Útica, ainda que agora, com certeza, ficassem mais rigorosas. De imediato, o poderio de Cartago ficava desmembrado, já que era obrigada a trazer de volta toda a tropa que ainda estava na região da Ligúria e era exigida a entrega de toda a sua frota de guerra, podendo manter, desde a data, não mais que dez navios de batalha. Também ficava categoricamente proibido para eles treinar elefantes com fins militares, devendo entregar aos romanos todos os que ainda conservavam. Finalmente, estavam proibidos de recrutar mercenários lígures e celtas e apoiar os inimigos de Roma.

Do ponto de vista geográfico e político, Cartago comprometia-se a ceder a Massinisa todas as cidades e regiões africanas que, em algum momento, haviam pertencido a ele ou a seus antepassados e que, posteriormente, foram incorporadas ao Império. Além disso, Cartago se comprometia a não fazer guerra fora da África, enquanto em seu continente só poderia fazê-la com permissão expressa romana.

Finalmente, Cartago devia se encarregar de uma indenização de guerra de 10 mil talentos de prata (300 mil quilos), pagáveis em quatro vezes durante os 50 anos seguintes e entregaria como reféns – e como garantia – cem jovens com mais de 14 anos e menos de 30, escolhidos por um general romano.

Em seu proveito, para que seja dito de alguma maneira, a partir do tratado de paz, os cartagineses seriam considerados aliados e amigos de Roma, conservariam autonomia, as cidades ficariam livres da ocupação, e seus escravos, riquezas e propriedades não seriam tocados.

Em termos políticos, geográficos, econômicos e militares, Cartago permanecia, portanto, amarrada pelos pés e pelas mãos. Nas palavras de Kienitz:

"O tratado de paz significou o fim de Cartago como poder independente, não na forma, mas de fato".

Com as formalidades cumpridas, Cipião foi chamado a Roma para firmar a paz.

"Quando atravessou as cidades italianas – nota Grimal – *e também ao longo dos caminhos do campo, os habitantes lhe proporcionaram uma acolhida triunfal. E sem que se soubesse exatamente quem havia sido o primeiro, todos começaram a acrescentar a seu nome o codinome de 'Africano'."*

Capítulo XIII

O Fim de Aníbal

Embora vencido pela demolição, a estrela de Aníbal não se apagou de imediato. Pelo contrário, continuou sendo considerado um filho pródigo de Cartago e poucos anos depois de Zama, mais precisamente em 196 a.C., foi eleito sufete, cargo com o qual voltou ao primeiro plano da política púnica.

Com sua nova função, o general experiente dedicou-se à organização da economia cartaginesa, entrando, a partir de então, em choques contínuos com alguns membros dos setores aristocráticos. Aníbal foi mais longe ainda e introduziu na Constituição uma modificação que equivalia, de fato, a uma estocada mortal contra seus adversários políticos: anulou a permanência vitalícia dos Cento e Quatro e a substituiu por uma eleição anual, ou seja, retirou da aristocracia púnica sua imobilidade no poder local.

A iniciativa de Aníbal, evidente, não passou despercebida e recriou nos setores aristocráticos a maior repulsa contra a sua pessoa. Huss descreve que:

"Os rivais aristocratas de Aníbal foram tão longe em seu ódio, que alimentaram a suspeita de que Aníbal colaborava com Antíoco contra Roma".

De fato, a relação entre Aníbal e Antíoco deixou de ser um segredo. De início, contribuiu para que seus rivais, mais que desacreditá-lo diante dos romanos – como se fosse necessário –, gerassem entre estes últimos uma preocupação extrema, que os levaria a perseguir Aníbal até seu extermínio. E, de algum modo, conseguiram. Em verdade, a pressão recebida por Aníbal e os perigos que pairaram sobre sua cabeça o animaram muito depressa a abandonar Cartago, enquanto Roma, por sua vez, seguia com atenção os movimentos realizados por ele. Ainda havia contas pendentes com o grande general e a Loba nunca as perdoaria.

Assim, no ano 193 a.C., Roma enviou três de seus grandes homens para saber mais sobre a questão Aníbal. Eles eram P. Cornelio Cipião, C. Cornelio Catego e M. Minúcio Rufo.

Aníbal, de certa forma, persistiu em sua cruzada contra Roma e, refugiado na corte de Antíoco, começou a preparar uma nova guerra. Em um primeiro momento, pediu ao anfitrião que colocasse uma frota a seu serviço para poder voltar. Era o ano 192 a.C., e Antíoco atendeu ao pedido.

O momento lhe era propício: pelo menos foi o que Aníbal pensou. O reino dos selêucidas de Antíoco havia entrado em conflito com os romanos e invadido o Egito; além disso, contava com os macedônios como aliados. Aníbal convenceu o monarca a ajudá-lo contra o inimigo comum – Roma –, prometendo-lhe derrotar as legiões com sua colaboração. Para isso precisava que Antíoco atacasse a Grécia, uma medida que distrairia Roma de sua atenção sobre Cartago.

No ano seguinte, Antíoco transportou suas tropas para o leste para ocupar Pérgamo – antiga aliada de Roma – e continuou sua peregrinação conquistadora para além do mar Egeu; o objetivo era a Grécia, conforme o conselho dado a ele pelo cartaginês. Entretanto, os resultados estiveram distantes dos que Aníbal lhe havia previsto. De fato, os romanos enfrentaram Antíoco nas Termópilas e aniquilaram o selêucida, que não teve alternativa a não ser empreender retirada.

A vitória obtida facilmente entusiasmou os romanos a aprofundar sua campanha contra Antíoco, a quem, por outro lado, desejavam castigar exemplarmente por ter se atrevido contra seus aliados. Nessa altura, a frota de Roma conseguiu derrotar a de Antíoco, para logo iniciar o primeiro desembarque na Ásia. No ano 190 a.C., as aventuras bélicas de Antíoco foram completamente sepultadas na batalha de Magnésia, onde Lúcio Cipião – irmão do "O Africano"– venceu seu oponente. Desde então, e tal como havia ocorrido com seu ilustre irmão, Lúcio Cipião começou a ser conhecido como "O Asiático".

A derrota de Antíoco significou um golpe duro para Aníbal, que havia depositado sua confiança em que ele levaria adiante uma longa guerra que extenuaria as legiões romanas e as arcas do Império. Mas o fim de Antíoco implicava para Roma um benefício ainda maior: previa também o dele.

Em meio à sua situação desfavorável, Aníbal refugiou-se em um pequeno reino localizado ao norte de Pérgamo e Galácia, governado por Prúsias II.

Em um primeiro momento, os romanos perderam de vista seu odioso inimigo, mas tempos depois, quando Bitínia e Pérgamo mediram forças com suas frotas, a presença de Aníbal como conselheiro de Prúsias II foi revelada.

Roma não aproveitou mal a ocasião que se lhe apresentava e, no ano de 183 a.C., enviou uma missão, a cargo de Flamínio, para exigir do rei bitínio que entregasse Aníbal. Prúsias II, incapaz de enfrentar os romanos, aceitou o compromisso e revelou o lugar onde a Loba, por fim, encontraria sua sombra mais temida.

Aníbal não demorou para saber que seus dias estavam contados. Certamente se encontrava esgotado e sem tropas que o acompanhassem e, nesse ponto, toda resistência seria inútil. Quando percebeu que sua casa estava cercada pelos legionários, decidiu privar Roma do prazer de capturá-lo vivo para ser, seguramente, exibido como troféu. Então, recorreu ao frasco de veneno que sempre o acompanhava e se suicidou. Sua vida se apagou aos 64 anos, após ter lutado contra Roma por quase todos eles. Ironias da História, nesse mesmo ano, morria seu inimigo mais implacável, Públio Cipião.

Uma etapa da História ficava concluída e sepultada. Cartago sobreviveria mais alguns anos. Roma, pelo contrário, teria ainda um longo período de esplendor imperial.

Capítulo XIV

O Último Castigo

O desaparecimento de Aníbal constituiu a coroação das guerras púnicas. Roma não só controlava grande parte do território itálico e estendera poder e influência para o leste e o oeste, mas também havia se livrado enfim do único rival que podia se creditar com segurança triunfos notáveis sobre ela. Dessa maneira, a soberania da Loba se estendeu em termos geográficos, militares, políticos e econômicos, abençoada ainda por uma contundência simbólica semelhante.

A mensagem era exemplar: quem ousasse se levantar contra Roma acabaria com seus ossos sob a terra. A morte de Aníbal, ainda que com sua auréola de herói resistente, não deixava dúvidas. Seu destino havia sido o mesmo que o de sua família e se prolongou à própria Cartago. O mundo antigo inteiro foi testemunha, portanto, da severidade e implacabilidade romanas.

Não obstante o novo mapa político do Mediterrâneo ou, melhor ainda, como consequência dele mesmo, Roma ainda teve de se envolver em um novo conflito militar, a chamada Terceira Guerra Macedônica.

Filipo V, que tivera aliança com Cartago e depois acordou um pacto com os romanos, persistiu em seu afã de converter a Macedônia em um Império tão amplo quanto poderoso, tanto fortalecendo seu poder militar quanto alimentando entre os gregos uma aversão cada vez maior pelo domínio de Roma. Os desejos do rei não foram suficientes para alcançar os objetivos, mas, após sua morte, seu filho Perseu assumiu, adquirindo como herança preciosa os mesmos ideais de seu pai. A possibilidade de uma guerra de expansão macedônica alarmou os reinos vizinhos, especialmente o de Pérgamo – antigo aliado de Roma –, e o Senado romano lançou as cartas sobre o assunto.

Diante da iminência de um novo perigo, tomou a iniciativa e, no ano de 172 a.C., entrou em guerra contra Perseu.

Em princípio, o resultado da guerra foi ambíguo, com certeza. A Macedônia sofreu a deserção dos que acreditava serem seus aliados – gregos e bitínios –, mas, apesar disso, ergueu um exército monumental no encalço das legiões romanas. A sorte mudaria definitivamente anos mais tarde, quando o general Lúcio Emílio Paulo – filho do cônsul morto em Canas – foi alçado ao comando romano e sobrepujou todas

Filipo V, rei da Macedônia. Estabeleceu uma aliança com Aníbal para invadir a península itálica.

as falanges inimigas na batalha de Pidna. Era o ano de 168 a.C., e Roma saldava as contas de forma definitiva com a Macedônia. Perseu foi levado para Roma, onde acabou morrendo, e com ele os anseios imperiais macedônicos. Tal como acontecia com os Cipiões, Emílio Paulo foi conhecido desde então como "o Macedônico".

Animada pela sua campanha triunfante no leste, Roma continuou combatendo os que mantinham alguma simpatia com Perseu ou aqueles que haviam se mostrado hesitantes. Paulatinamente, os reinos de Epiro e Rodes, e até a Liga Aqueia, sofreram as consequências das ambiguidades que a Loba não estava disposta a tolerar. A mensagem, mais uma vez, era inequívoca: ou se estava com Roma ou contra ela.

Nesse contexto, surge um novo conflito que terá como personagens centrais nosso númida conhecido, Massinisa, e Cartago. Roma, na expectativa, só aguardava o momento propício para intervir.

Os anos haviam passado. Cartago encontrava-se submetida a Roma e Aníbal era apenas uma recordação, mas as feridas abertas pelo grande general cartaginês ainda não haviam cicatrizado completamente e o desejo de vingança histórica e exemplar vagava inquietadoramente no Senado romano. Definitivamente, quaisquer que fossem as raízes do conflito, Cartago tinha de pagar.

As andanças de Massinisa

Desde os tempos de Zama, Massinisa ficou obcecado por aquela que uma vez foi sua dominadora: Cartago.

Com a derrota de Aníbal, lançou-se contra a metrópole em todas as oportunidades que teve, e manteve uma exigência persistente de território que parecia não ter limites. De fato, como já foi citado, a paz acordada entre romanos e cartagineses implicou que estes devolvessem a Massinisa os territórios que ele reclamava como seus. Ainda assim, o númida foi mais longe e acalentou a ideia de um grande Império africano, que incluísse o que Cartago ostentou outrora. Em suma, tratava-se da eliminação completa dos cartagineses. Contava para isso com uma ajuda inestimável: a rivalidade entre púnicos e romanos nunca erradicada.

De qualquer modo, Massinisa não tinha todas consigo. O reino númida incluía muitas tribos que não o acatavam cegamente e, além disso, desejavam se desembaraçar de sua autoridade. Por outro lado, os romanos o tinham como aliado de importância estratégica, mas poucos desconfiavam de sua ambição desmedida que, hipoteticamente, bem poderia conduzi-lo, em um contexto determinado, contra a própria Roma.

Deixando de lado as especulações, o certo é que Massinisa continuou com sua estratégia para estrangular Cartago e entrou em batalha contra os Grandes Campos e a região das 50 cidades, cujo enclave principal era Mactar.

Da paz acordada até a derrota em Zama, os cartagineses eram "aliados" e "amigos" de Roma e, considerando essa identidade imposta, reclamaram, diante do Senado romano, contra o que consideraram, com justiça, uma invasão. Mas Roma tinha uma visão particular de seus "aliados" e "amigos" e só enviou uma embaixada exploratória quando Massinisa concretizara seus objetivos expansionistas. Entre os enviados se encontrava M. Pórcio Catão, um personagem a quem, desde então, caberia um papel preponderante no destino cartaginês.

Enquanto isso, as incursões de Massinisa provocaram um autêntico vendaval no Senado cartaginês. Alguns representantes haviam se mostrado inclinados ao númida, inclusive como parte de uma estratégia que considerava toda a situação belicosa como nociva para os negócios e a economia locais. Outro setor, pelo contrário, opositor, sem rodeios, sobre estabelecer qualquer diálogo com Massinisa, alertou e mobilizou o povo, exaltando a necessidade de defender ao extremo a soberania já arruinada de Cartago.

A crise estabelecida nas cúpulas dirigentes de Cartago produziu, como não poderia ser de outra maneira, resultados díspares. Por um lado, Roma observou com atenção a atividade em Cartago de uma mobilização política e militar de proporções, o que tomava como um dado perigoso da realidade da cidade, levando em conta que vários de seus chefes não se davam por vencidos. Por outro lado, os setores pró-númidas do Senado foram expulsos e desterrados da metrópole, o que os levou, em um número de 40, a pedir a intervenção direta de Massinisa no conflito.

O númida, homem quase ancião e cheio de experiência, acreditou ter chegado o momento de uma intervenção mais pontual e enviou seus filhos Gulusa e Micipsa como observadores. É claro que não chegaram muito longe. Com o controle do Senado nas mãos dos mais "nacionalistas", foi proibido a eles entrar em Cartago. Massinisa, então, teve sua desculpa esperada e começou a hostilizar os cartagineses militarmente, entrando em luta contra a cidade de Horóscopa.

Foi então que númidas e púnicos se apressaram em resolver suas diferenças pelas armas.

Estariam os cartagineses em condições de empreender uma nova campanha militar? O tratado de paz com Roma os havia deixado, em termos bélicos, praticamente desarmados e sem frota de guerra. Entretanto, para esse ano de 150 a.C., algumas novidades deram um fôlego renovado aos mais belicosos.

De fato, depois da devolução dos últimos reféns cartagineses nas mãos de Roma, e com o pagamento das derradeiras cotas da indenização de guerra, Cartago havia rearmado um exército à sombra dos romanos. Como consequência, outro general chamado Asdrúbal contava com uns 25 mil infantes e 400 cavaleiros para defender a cidade, aos quais muito depressa se juntaram 6 mil cavaleiros númidas, opositores de Massinisa. Além disso, uma convocação às armas no interior do país atraiu quase outros 25 mil homens, com os quais, no total, Cartago ergueu um exército poderoso de quase 56 mil soldados. Uma quantidade impensável a quase três décadas da morte de Aníbal. Massinisa, por sua vez, concentrou uma força quantitativamente inferior, porém mais e mais bem treinada.

A batalha se desenrolou, enfim, em uma planície rodeada de montes, e o resultado favoreceu o velho rei númida. Cartago, mais uma vez, havia sido vencida.

Após a contenda, vencedores e vencidos se reuniram no acampamento dos primeiros, no qual, além disso, se encontrava uma inesperada visita: Cornelio Cipião, *o Jovem*, que havia observado as manobras a partir do lado númida.

De acordo com a tradição, Asdrúbal negociou com Cipião e concordou, como anota Huss:

"... em renunciar definitivamente às cidades e regiões encravadas na Pequena Sirte, e aos Empórios e seus territórios interiores, e a pagar, na ocasião, 200 talentos e mais tarde 800".

Mas, longe de ser suficiente para Massinisa, este exigiu a entrega imediata dos númidas que lutaram a favor do púnico. As negociações então ficaram paralisadas: Cartago não podia entregar seus aliados sem perder, por consequência lógica, o apoio de outras tribos númidas que se opunham a Massinisa, o que, sob todos os aspectos, significaria renunciar definitivamente a qualquer outra opção de rebeldia possível contra seu inimigo enraivecido. A guerra, então, devia continuar até a rendição incondicional de um dos lados. Para o númida, isso não representava um problema premente, já que a sorte havia se mostrado a seu favor no campo de batalha. Para os cartagineses, ao contrário, significava aceitar um conflito que acabaria com eles.

Como se previa, a catástrofe caiu sobre o exército de Cartago: vencidos, sem provisões e acossados por epidemias que foram geradas por suas más condições físicas, dobraram-se muito rápido. Poucos foram os que salvaram suas vidas se refugiando em Cartago, onde chegaram depois de uma travessia que se transformou em um calvário.

Catão, o destruidor

Roma acompanhava com atenção o curso dos acontecimentos e os resultados ressoavam com força no Senado, onde Catão e Nasica lideravam estratégias diferentes em relação aos númidas e cartagineses. Segundo sustentava o primeiro, o prioritário era acabar de uma vez por todas com Cartago. Opositor raivoso de qualquer sintoma de complacência ou negociação com os púnicos, Catão havia experimentado na própria carne o amargo sabor de enfrentá-los quando, sob o comando de Flávio, lutou contra Aníbal, e depois ao participar da batalha de Zama. Então, quando viajou para Cartago como embaixador de Roma, diante das diferenças surgidas entre os cartagineses e Massinisa, pôde observar, sem mediações, como a cidade ainda progredia economicamente, o que, em termos políticos, o levou a supor um futuro enfrentamento bélico. Suas conclusões, portanto, eram claras e precisas: para acabar com a ameaça de Cartago, deveriam apagá-la, a partir de suas fundações.

A posição de Nasica parece ter sido mais escrupulosa e de uma sensibilidade menos brutal, confiando, em primeira instância, em conter os púnicos e sujeitá-los ao tratado de paz firmado após Zama. Entretanto, quando os cartagineses levantaram um exército contra Massinisa, sem autorização de Roma – o que violava de forma explícita o acordado de paz –, não parece ter se oposto a ações punitivas de envergadura.

A situação política, então, havia mudado de forma abrupta, e agora Cartago devia pagar por sua rebelião.

Na capital púnica o desânimo era completo. Ameaçados por Roma e vencidos por Massinisa, nenhuma saída parecia possível. Para piorar, a cidade de Útica decidiu, por sua conta, abrir as portas para as legiões.

Muito rápido e quase como uma concessão aos romanos, o Conselho dos Cento e Quatro sentenciou os generais Asdrúbal e Cartalão, aos quais responsabilizou pela aventura militar, à morte; mas o gesto, embora não tenha passado despercebido por Roma, não produziu nenhuma mudança substancial. Roma estava decidida a intervir exemplarmente, seguindo as observações de Catão, e colocar um exército impressionante no norte da África, desencorajando de uma vez qualquer ideia aventureira dos númidas. Para o caso, a Loba enviou a Cartago aproximadamente 80 mil infantes e 4 mil cavaleiros, além de uma frota de guerra poderosa e dezenas de naves com provisões suficientes.

Diante de tamanha expressão de força, aos cartagineses não restava alternativa além de voltar a negociar, ainda que sua margem de manobra, com certeza, já não existisse.

Os embaixadores cartagineses ofereceram o que era uma realidade de fato: a rendição, proposta que Roma recebeu com frieza; suas pretensões eram, é claro, ainda maiores e os cartagineses conheceriam muito rapidamente a ferocidade das mesmas.

Os negociadores romanos responderam de modo ambíguo: por um lado, asseguraram autonomia e segurança aos púnicos; mas, por outro, e como condição inapelável, exigiram a entrega de 300 reféns – todos eles filhos de senadores e membros do governo cartaginês –, enquanto os cônsules romanos lhes entregavam novas ordens.

O que os cartagineses podiam fazer? Absolutamente nada. Todas as condições conspiravam contra eles e só lhes restava acatar. Com as

Soldados romanos em um desfile oficial. Pode-se apreciar na imagem o poder de tais guerreiros.

coisas nesse ponto, em menos de 30 dias os 300 reféns foram reunidos e entregues. Então, os cônsules deram a primeira de suas ordens: a cidade deveria se desarmar por completo, entregando todas as armas e máquinas de guerra. Cartago protestou, sem muita energia, argumentando que precisava de forças suficientes para se defender de alguns rebeldes ainda armados, mas os cônsules abortaram esse protesto se encarregando, eles mesmos, de qualquer ação de defesa da cidade.

"Com a expedição dos carros, carregados com mais de 200 mil armaduras, umas 2 mil catapultas e um grande número de dardos e projéteis, que se pôs em movimento a partir de Cartago em direção a Útica – assinala Huss – *iam os emissários, os homens de mais prestígio do governo e do Senado, sacerdotes e outras personalidades conspícuas da cidade. Quiseram despertar, com o desfile submisso* – conclui o autor –, *a compaixão dos cônsules e incliná-los a não formular mais exigências".*

Nem Roma nem os chefes consulares se apiedaram da desgraça cartaginesa, e os emissários submissos – já liberados de uma sorte que se apresentava dramaticamente trágica – escutaram a última exigência romana: abandonar Cartago para levantar uma nova cidade.

Até então, jamais se havia ouvido semelhante proposta. Mas o que parecia uma brincadeira para ridicularizar ao extremo todo um povo era, na verdade, uma política de Estado, planejada em detalhes. Ou os habitantes da cidade a abandonavam ou morreriam com ela.

Os emissários cartagineses que tiveram de ouvir a exigência romana voltaram com a notícia infame, ainda que, na verdade, muitos deles fugiram antes de ingressar em Cartago, com medo da reação popular: não se enganaram e as mostras de descontentamento descontrolado aconteceram em seguida. Ao Senado púnico não restou alternativa além de rechaçar o ultimato romano e marchar para a guerra. O aparato bélico teve de ser reconstituído com o pouco que se tinha, a ponto de os escravos serem libertados para se incorporar à infantaria, e o general designado para o comando foi o mesmo Asdrúbal, aquele que pouco antes fora condenado à morte pelo mesmo Senado.

A destruição de Cartago

A cidade foi sitiada imediatamente pelos romanos, que a cercaram por mar e por terra. Mas quando tentaram atacá-la se viram frustrados pela resistência decidida. Ainda que parecesse incrível, os cartagineses –

guardados atrás das muralhas – ainda mostravam vontade de independência e ofereceram seus últimos suspiros a uma soberania destroçada pelas legiões. A resistência inflamada e heroica foi tal que os romanos decidiram se retirar e aguardar um tempo antes do assalto final. Por enquanto, contentar-se-iam em se fortalecer nas redondezas e fazer com que o tempo e a fome trabalhassem a seu favor. De todo modo, tomaram precauções, uma vez que forças púnicas, sob o comando de Asdrúbal, ameaçavam com uma contraofensiva em campo aberto.

O cerco romano se reiniciou a partir do istmo, mas foi rechaçado uma e outra vez até que, por fim, uma das muralhas da cidade foi demolida. Mas o que parecia o início do fim se inverteu em horas: os cartagineses saíram pela muralha derrubada e atacaram as legiões, destruindo várias máquinas; em seguida, voltaram e repararam a parede, atrás da qual se abrigaram novamente.

Os dias seguintes mantiveram a tônica. Os romanos atacando e os cartagineses se defendendo com sucesso, inclusive realizando pequenas escaramuças ofensivas que causaram estragos consideráveis às forças inimigas, como, por exemplo, quando enviaram botes incendiados contra vários barcos romanos, que acabaram ardendo completa ou parcialmente. De qualquer modo, a queda de Cartago não era empresa fácil e os romanos começaram a se dar conta disso.

Por impotência ou por estratégia, as legiões se lançaram contra o interior do país, onde a resistência seria talvez menos intensa. Entretanto, como mostra Huss, aqui também o sucesso foi limitado pelos ataques da infantaria púnica, comandada por um tal Amílcar, que na ocasião honrava o nome que outrora identificara o patriarca dos Barca. Pouco depois isso mudaria. Mas não nos adiantemos.

A quase um ano do início da nova guerra romano-púnica, a situação era instável e não se previa uma definição em curto prazo.

Para complicar ainda mais os romanos, seu aliado númida, o infalível Massinisa, havia morrido beirando os 90 anos e a sucessão do poder entre seus filhos anunciava, pelo menos, algum atraso em sua colaboração.

Quando Gulusa, um dos filhos de Massinisa, finalmente reuniu forças com as de Cipião, o equilíbrio se rompeu. Amílcar desequilibrou-se e abandonou a defesa de Cartago, para passar, com boa parte de suas tropas – por volta de 2 mil homens – para o lado inimigo. Paulatinamente, várias cidades começaram a ceder e caíram em mãos romanas, como Neferis e Neapolis. Em outras, pelo contrário, a resistência persistiu, conseguindo manter um equilíbrio instável:

"Não era de estranhar que a confiança dos cartagineses tivesse aumentado depois de dois anos de guerra, 149 e 148 a.C. – sublinha Huss –; *a cidade, no início inerte, havia se mantido, as tropas de Asdrúbal haviam permanecido invictas, Áspis e Hippu Acra haviam rechaçado os ataques romanos e, além disso, o númida Bitia havia passado de Gulusa para eles com 800 homens".*

Um balanço nada mal para um reino à beira da destruição.

Mas fosse por questões estritamente militares ou por crises políticas internas devidas à situação tão extrema, Cartago não podia se sustentar indefinidamente. Nesse contexto, o assassinato de um comandante púnico acelerou os tempos. De fato, o militar foi acusado por parte do Senado de ter traído a pátria e acabou morto no recinto pelos golpes que os próprios senadores lhe deram com as pernas de suas cadeiras. A estabilidade interna se rachava e a unidade na defesa seguiria caminho semelhante.

Enquanto isso, Cipião havia alcançado, por fim, os poderes consulares em Roma, no ano de 147 a.C., e se dispôs a pôr um fim à guerra com determinação, marchando para Cartago com as tropas colocadas no norte africano – às quais acrescentou novas que ele mesmo ordenou recrutar. Sua ofensiva, não isenta de passos em falso, conseguiu impulso para tomar os arredores da cidade e até penetrar em seus subúrbios, embora depois tenha se retirado, para tentar cortar todas as rotas de provisão. Pouco depois, os resultados lhes foram mais favoráveis e a fome começou a ameaçar os sitiados.

Ainda assim, os cartagineses deram uma nova demonstração de criatividade e capacidade, construindo, sigilosamente, uma frota considerável posta para navegar, para o maior dos assombros de seus inimigos. De qualquer maneira, a estratégia púnica encontrou um rival poderoso e depois de uma breve batalha naval foram derrotados pela frota romana.

Entre os anos 147 e 146 a.C. a guerra se definiu, caindo, primeiro, enclaves importantes como Neferis, o que fez com que várias cidades menores abrissem suas portas para as legiões. Cartago estava condenada e finalmente caiu. Cipião permitiu que uns 50 mil habitantes abandonassem a metrópole, salvando-se da morte certa ou da escravidão, ainda que, ao se distribuírem e se amontoarem nas pequenas cidades do interior, também dominadas pelos romanos, seu destino seria muito pobre.

A cidade, antes de ser literalmente reduzida a cinzas, foi testemunha, durante uma semana, de todo tipo de ação depredadora e demolidora.

As matanças e os saques aconteciam tanto de dia como de noite e, ao fim de seis jornadas, pouco sobrou da orgulhosa Cartago. Os que se renderam salvaram suas vidas. Apenas Asdrúbal e um grupo de

Ruínas de Cartago. A ocupação romana não só se dedicou intencionalmente a destruir a cidade como devastou todo o patrimônio cultural.

não mais que 800 homens resistiram até que as forças físicas não lhes responderam mais. Então, o militar se rendeu e implorou clemência a Cipião, para ele e os seus. Conta a tradição que a esposa de Asdrúbal, acompanhada de seus dois filhos pequenos, o maldisse quando viu semelhante atitude e, depois de matar seus filhos, ela mesma, enlouquecida, lançou-se nas chamas que enlaçavam a cidade. Dizem que, por todos os lados antes de se imolar, gritou *"Vós que nos destruístes com o fogo, com o fogo sereis destruídos",* um presságio e um destino que se revelaria acertado.

Para a lenda, o ciclo se fechava com uma fatalidade literária. Como Dido – a rainha fundadora que havia se lançado às chamas, antes de se entregar a um rei que não amava –, a esposa de Asdrúbal, o último defensor de Cartago, seguia o mesmo caminho, para não macular sua honra com a escravidão ou o perdão que lhe dispensara a Loba.

A notícia da queda não tardou a chegar a Roma, cujo Senado se dispôs de imediato a baixar a cortina sobre o Império que tirou seu sono em boa parte dos últimos anos. Cipião, desde então conhecido como o destruidor de Cartago, recebeu a ordem de reduzir a pó o que restara dela, sorte que também deveria compartilhar cada uma das cidades que haviam se mantido leais a ela até o último suspiro.

Cartago foi reduzida a cinzas e Roma, agora sim, encontrava sua satisfação definitiva.

Conclusões

A história de Aníbal transcendeu amplamente a encarnação de sua própria vida – por si mesma possuidora de elementos cativantes e de grande intensidade – para se estabelecer como uma história que abrange a de dois Impérios em disputa e, como consequência, a de todo o período da Antiguidade.

Quem pode, por acaso, colocar em dúvida o papel fundamental que Aníbal exerceu no estabelecimento do Império cartaginês, e quem colocaria em questão que Roma, sua eterna rival, corrigiu sua própria capacidade de conquista combatendo-o infatigavelmente?

Nesse sentido, em torno de Aníbal se conjugam as potencialidades de dois povos, em um mesmo espaço geográfico e tempo histórico, que tiveram o objetivo da expansão. E por isso mesmo a necessidade de se neutralizarem mutuamente. De algum modo, Aníbal foi ungido como um tipo de *alter ego* em que cartagineses e romanos refletiram suas maiores grandezas, ainda que também alguns de seus pesadelos mais indesejáveis.

A partir dessa perspectiva histórica, nenhum arquétipo tendencioso faz justiça a Aníbal, seja o do militar brilhante ou o do político e diplomata de grande visão estratégica. Foi tudo isso e muito mais, e esse leque de qualidades, em um contexto histórico, foi o que o projetou como emblema de uma nação e como Nêmesis de outra.

Diz Políbio: "De tudo quanto de bom ou de mal aconteceu aos romanos e aos cartagineses, os maiores responsáveis foram um homem e uma mentalidade: Aníbal". E concluiu com admiração dissimulada: "Tão extraordinária foi a influência desse homem e de sua mente, capazes de levar adiante qualquer tarefa que estivesse dentro dos limites humanos...".

Políbio, o grande historiador grego, soube entender o grande cartaginês como poucos o fizeram em seu tempo, e seu julgamento tem o mérito de se sustentar na observação de um contemporâneo com a força de um documento histórico. Quem fala é o analista agudo, depois de ter vivido tanto as consequências políticas das campanhas de Aníbal como também os sofrimentos dos que o combateram nos campos de batalha. E serão justamente esses dois parâmetros, o político e o militar, os que mais contribuíram para esclarecer o personagem.

Aníbal estadista?

Longe do que se pudesse acreditar superficialmente, a política e a negociação tiveram um lugar preponderante no Mundo Antigo, em geral e em especial no período das Guerras Púnicas, ainda quando o fragor das batalhas alcançou uma intensidade tal que implicou, como assinala R. M. Ogilvie, "... o maior recrutamento de cidadãos varões que se conhece na História".

Particularmente entre os cartagineses, a política de diálogo e pacto durante o confronto com os romanos se respaldou em uma antiga tradição mercantil, que os fenícios desenvolveram no decorrer dos séculos. O sucesso do pragmatismo comercial transportou-se para todos os níveis da atividade social, e a política e a guerra não escaparam dele. Os cartagineses aprenderam que o trato conveniente lhes trazia benefícios suculentos. Sua expansão e desenvolvimento se apoiaram então na produtividade, no intercâmbio e no comércio, respaldado por uma classe dirigente que pôs todos os seus esforços e táticas diplomáticas a serviço da economia.

A violência da guerra e a coerção se mimetizaram atrás daquelas atividades principais, assegurando proteção aos valores e às mercadorias, à mão de obra escrava e à penetração nas regiões não exploradas. Quando o desenvolvimento exigiu novos pontos de venda e produção, ou quando estes se viram ameaçados pela presença de outra nação, invariavelmente o recurso das espadas se implantou nos primeiros planos. Entretanto, a arte da negociação jamais foi abandonada pelos cartagineses e ocupou um papel secundário só quando não tiveram outra opção para alcançar seus objetivos.

Os Barca, ainda considerados membros da ala mais "belicosa" dos dirigentes púnicos, deram mostras cabais de tal tradição. Amílcar e Asdrúbal, para exemplificar, sempre preferiram pactuar, fazer acordos de conveniência com cada um de seus adversários de plantão – ainda quando a qualidade e a quantidade de forças garantiam seu sucesso –, em boa medida pela consciência que possuíam acerca do que representava levantar um exército, pô-lo em marcha e mantê-lo em operações. Se pudessem efetivar suas conquistas em uma mesa de negociação, faziam-no sem demora. As "honras" da conquista violenta não os seduziam e a campanha cartaginesa que realizaram na Hispânia é uma mostra flagrante de tal conduta. Recordemos, por exemplo, que Asdrúbal contraiu casamento com uma princesa ibera com o objetivo inocultável de granjear o apoio das tribos locais.

Aníbal seguiria essa mesma tradição e também a levaria adiante ao longo da travessia itálica. De fato, foi sua política compartilhar os butins e territórios com tribos certamente minoritárias – e as quais teria vencido, sem dúvida – antes de ter de combatê-las e dobrá-las em um campo de batalha.

Apesar disso, essa projeção da arte negociadora, que denota equilíbrio e racionalidade nas decisões, teve, com certeza, um limite preciso: não esteve acompanhada por uma política de integração firme dos aliados. Apenas em alguns casos Aníbal tentou unir politicamente os povos que fizeram pactos com ele, oferecendo-lhes, por exemplo, autonomia para decidir questões próprias de administração, mas, na maioria das vezes, tratava-se de concessões para ganhar a confiança ou a neutralidade de outras cidades.

Claro que para Aníbal essas limitações não eram de incumbência exclusivamente dele, e assim como não conseguiu seduzir seus aliados circunstanciais para estruturar relações duradouras, é justo dizer que elementos alheios às suas intenções políticas o impediram de concretizá-las.

Na Hispânia, onde a presença púnica era muito anterior à deflagração do conflito contra Roma, a relação que alguns povos costeiros da península vinham mantendo com a cultura e a economia cartaginesas permitiu estreitar negociações melhores e mais rápidas. Mas na Gália Cisalpina, pelo contrário, tais negociações só foram marcadas pelo ódio comum à Loba e um mesmo anseio de dar por terra com suas pretensões de hegemonia na região. Histórica e culturalmente, púnicos e gauleses não tinham um passado que os unisse e seus pactos eram tão circunstanciais quanto limitados. Situação semelhante se apresentava com inúmeras tribos iberas não costeiras e a maioria das cidades da Itália que questionava o predomínio de Roma. Por isso, Aníbal não conseguia fidelidades duradouras e confiáveis. É claro que essas premissas também eram válidas para os aliados circunstanciais, que não tiveram nenhum problema em mudar de lado quando os acontecimentos assim o impuseram.

Nesse sentido, Roma sempre contou com uma vantagem inestimável em seu território, já que estava unida a dezenas de cidades e tribos por uma mesma raiz e origem, cultura e inclusive língua. Em outras palavras, Roma pretendia formar e defender um Império "nacional"; Cartago e Aníbal, somar aliados que, por sua vez, alimentavam ares de independência e separação e, inclusive, imperiais, como o reino de Filipo V da Macedônia.

É provável que Aníbal, o principal impulsionador da campanha italiana, não tenha dado atenção a essas questões? Tudo parece indicar que, efetivamente, foi assim que as coisas aconteceram ou, pelo menos, que os cálculos que Aníbal fizera sobre as adesões que colheria foram falhos. A relação que gauleses e celtas estabeleceram com os cartagineses foi essencialmente funcional para uns e outros e não seria impensável que no futuro combatessem entre si, caso Aníbal não abandonasse as regiões dominadas por seus novos aliados. Na Itália, pelo contrário, os governos locais de numerosas cidades observaram Aníbal como um conquistador de outra bandeira e apenas as cidades inimigas do poder de Roma aceitaram acordos pontuais com ele. As demais desconfiaram de sua campanha e entre um novo amo e Roma preferiram esta última, à qual se sentiam unidas por laços culturais e até familiares.

Em termos concretos, isso diminuiu para Aníbal uma base de apoio considerável e ocasionou um desgaste imenso de energia e recursos humanos e econômicos. De fato, uma das consequências mais graves foi a falta de um arranjo aliado de provisões de alimentos para manter seu exército em ótimas condições.

Nesse sentido, a ruptura com Roma e a marcha posterior sobre seu território estão marcadas por um voluntarismo quase sobre-humano, porém, sem bases políticas sólidas que tivessem permitido que o sustentasse.

Cartago teria podido se manter na Hispânia, conquistando e "punizando" uma região extensa que lhe era propícia, visto que permitia à metrópole enriquecer com a prata extraída das jazidas ibéricas. Em vez disso, lançou-se em um confronto contra Pirro que culminou como tal.

O que teria acontecido se Cartago e Aníbal tivessem ficado com a Hispânia sem atacar Roma? Esta os teria enfrentado, cedo ou tarde?

É provável, mas as especulações são inúteis com a História já escrita. A crise de Sagunto terminou com as dúvidas e precipitou o enfrentamento.

Alguns historiadores, entretanto, propõem outra teoria: a de um Aníbal libertador, cuja peregrinação contra Roma perseguia o objetivo de evitar a propagação de um Império avassalador. Quer dizer, o enfrentamento com Roma não se trataria de um erro político, mas, pelo contrário, de uma operação anti-imperial planejada. Curiosa esta ideia de uma Cartago que, justamente, conquistou parte da África e da Hispânia para submetê-las a seus desígnios. A desconfiança que despertou nas cidades e regiões a serem "libertadas" constitui, para o caso, uma expressão manifestada de consciência sobre suas verdadeiras intenções e objetivos.

Mas caberia pensar que Aníbal, estimulado em seu "nacionalismo" por certos setores expansionistas de Cartago, foi funcional para os interesses que apostaram em conquistar e dominar as rotas do Mediterrâneo, assegurando uma dinâmica comercial de exceção. Em todo caso, um triunfo de Aníbal sobre Roma traria como consequência imediata o controle da Córsega, Sardenha e Sicília que, com o domínio do litoral hispânico, teria trazido aos governantes cartagineses todo o poder sobre o grande "lago azul".

Conquistador ou libertador, a ideia de um Aníbal "grande estadista", então, dilui-se aos poucos, à medida que os pormenores de suas campanhas são analisados. Isso não desacredita, em absoluto, suas capacidades como comandante, capaz de motivar todo um povo a marchar para uma guerra extenuante, mas, sem dúvida, seus projetos políticos foram marcados por um alto grau de improviso, subestimação do inimigo e supervalorização das próprias forças.

Um estrategista exemplar

Se como político Aníbal apresenta mais lados obscuros que transparentes, suas qualidades como militar, pelo contrário, nos mostram a imagem de um comandante extraordinário. De qualquer modo, é conveniente relembrar alguns dos elementos que constituem seu comando militar, para evitar idealizações apressadas.

O próprio Políbio sintetizava o que Aníbal significou em termos bélicos: "Durante dezesseis anos consecutivos, Aníbal combateu Roma em território italiano, sem dar descanso a suas tropas e forçando seus exércitos a uma ação constante, comandando-os como o mais experiente dos dirigentes, demonstrando uma grande paciência com todos, inclusive com ele próprio, e isso apesar de seus soldados formarem uma tropa heterogênea, tanto pela diversidade de nacionalidades que tinham quanto pelas variadas raças que a compunham... Entretanto, seus dotes de comando eram tão extraordinários que as grandes diferenças existentes entre seus homens não chegavam a perturbar a disciplina; é certo que foram exemplares tanto na obediência quanto na diligência com que executavam cada uma de suas ordens...".

O historiador romano Tito Lívio também rendeu homenagem às qualidades do cartaginês, de quem destacou sua temerária "coragem perante o inimigo", qualidade que está estreitamente ligada a "uma grande serenidade para enfrentar o perigo".

Claro que o julgamento de ambos os historiadores clássicos estava impregnado de sua parcialidade romana, o que, de alguma maneira, lhes deu legitimidade para relativizar suas admirações e transformá-las em uma hostilidade manifestada. Políbio, por exemplo, caracteriza Aníbal como "extraordinariamente cruel" e "ávido por dinheiro" e Tito Lívio o define, sem mais, como um ser desumano, que ostentava, sem preconceitos, "nenhum temor pelos deuses, nenhum respeito pelos juramentos e os escrúpulos religiosos mais mirrados". Horácio também, em sua *Odes*, o qualificará como "cruel".

Que as críticas desses historiadores estejam claramente determinadas por suas preferências políticas não existe nenhuma dúvida.

Qualquer que seja o personagem a ser analisado, não pode ser retirado de seu contexto histórico; portanto, conferir a Aníbal "crueldade" ou "falta de escrúpulos" no fragor da guerra não tem sustentação.

A guerra foi e será a expressão coletiva mais violenta do comportamento humano e está intimamente ligada a suas consequências. Portanto, encontrar parâmetros individuais na guerra é um exercício que está fortemente condicionado e, de alguma maneira, comporta elementos subjetivos que não conseguem quebrar o domínio histórico do confronto violento, sempre legitimado por argumentos políticos, sociais, econômicos e ideológicos.

Na época, e tal como a cultura bélica dominante assinalava, as ações de Aníbal, assim também como as dos demais Barca, não estavam dissociadas das de seus inimigos, e todos os atos de "crueldade" e falta de escrúpulo se reproduziram em um lado e outro ao longo da contenda: execuções em massa, assassinatos, pilhagem, saques, estupros e todo tipo de abuso estiveram presentes em uma expressão constante de barbárie comum a todas as civilizações que se embrenham pelo caminho da guerra. Por acaso a destruição que os cartagineses propagaram em Sagunto ou em outras cidades leais a Roma pode ser considerada maior ou mais "cruel" que a realizada pelos romanos na própria Cartago?

A partir desse ponto de vista, é evidente que as condenações morais contra Aníbal estão viciadas por uma parcialidade a olhos vistos.

De igual maneira, seria uma idealização outorgar ao general e estadista púnico virtudes éticas por libertar os prisioneiros em muitas oportunidades, sem exigir uma indenização em troca, como estipulavam as leis de guerra da época. Não foram atos de clemência, mas de estratégias políticas meditadas para ganhar o respeito das populações comprometidas na luta.

A guerra, insisto, desconhece éticas humanitárias.

Em todo caso, voltando aos julgamentos positivos que Políbio e Tito Lívio lançaram sobre o cartaginês, destacam-se ainda mais por surgirem precisamente dos escritores de seus inimigos.

Voltemos ao Aníbal estrategista.

Karl von Clausewitz, pensador da guerra reconhecido, cuja influência se fez sentir em toda a história bélica contemporânea, apontou que a audácia "é a mais nobre das virtudes, o verdadeiro aço que dá à arma seu fio e seu brilho, tanto no corneteiro e no civil que segue o exército quanto no general... Em consequência, é uma verdadeira potência criadora". Se Aníbal demonstrou alguma peculiaridade em especial como militar, a audácia é, sem dúvida, a mais proeminente delas.

E a audácia de um indivíduo se transforma em potência quando consegue penetrar na massa, dirigindo-a e organizando-a em atos contundentes. Em termos militares, a audácia de Aníbal tomou corpo na tática da iniciativa permanente e, é claro, pela surpresa.

Esses três elementos, *audácia, iniciativa* e *surpresa*, colocaram em xeque as legiões romanas durante anos, cujos chefes não podiam decifrar de antemão os próximos movimentos de seus inimigos.

O historiador Theodor Mommsen faz justiça a Aníbal quando escreve: "Estava especialmente bem dotado dessa criatividade que é um dos traços característicos da personalidade fenícia; gostava de procurar e adotar soluções originais e inesperadas; as ciladas e os ardis de todos os tipos lhe eram familiares; era meticuloso e sempre estudava com extrema atenção os hábitos e costumes de seus rivais. Havia organizado uma espionagem eficiente – inclusive dentro de Roma –, graças à qual estava sempre bem informado sobre as intenções de seus inimigos... Cada página da história de sua época chama a atenção para seus dotes extraordinários como general e político... Foi um grande personagem, que causava admiração geral onde quer que estivesse".

A travessia inesperada dos Alpes, preâmbulo de sua campanha italiana, é a representação mais flagrante disso. A façanha, até onde se acredita realizada pela primeira vez por um exército poderoso, mudou o curso da Guerra Púnica e, de algum modo, da estratégia militar posterior. Desde então, a iniciativa ficou estabelecida como uma tática de primeiríssima importância e, embora não se possa creditar Aníbal como o iniciador de tal tática, não resta dúvida de que a estabeleceu.

Com certeza, pode-se pensar, a surpresa só é efetiva quando aliada à velocidade, quer dizer, quando seus efeitos são tais que não permitem ao adversário a capacidade de se reorganizar na situação. Se isso é certo: até onde, em uma época de comunicações e travessias lentas, era tão importante? Por acaso os exércitos não se colocavam uns diante dos outros, às vezes por dias inteiros, até que iniciassem batalha? Então, em que medida o fator surpresa era importante?

Em primeiro lugar, a tática de Aníbal não buscava exclusivamente a vantagem de uma vitória imediata; também minava as bases do moral combativo das forças inimigas, sempre mais admiradas de seus passos do que o proposto por seus próprios chefes. O efeito arrasador da travessia dos Alpes foi justamente este: criar a consciência no inimigo *de ser atacado em suas próprias terras,* apesar das muralhas naturais que, até então acreditavam, o manteriam protegido. Aníbal criava, então, um sentimento de *vulnerabilidade* em seus próprios adversários, o que lhe concedeu a margem necessária para neutralizar os inconvenientes de combater em terras desconhecidas e, em numerosas oportunidades, em condições inferiores.

A travessia dos Alpes foi de uma eficácia extraordinária, porque desconcertou seu inimigo, debilitou seu exército – não nos esqueçamos que os romanos haviam dividido suas forças para enfrentá-lo na Hispânia – e ridicularizou seus comandos. Os cartagineses, ao contrário, apareceram como um poderoso redemoinho, criativo e com um moral de combate capaz de suportar marchas longas por desfiladeiros muito perigosos. Não é estranho que pouco depois as legiões romanas estupefatas caíram pulverizadas nas batalhas de Trebia, Ticino e no lago Trasimeno.

Vejamos: alguns historiadores questionam a "genialidade" da travessia dos Alpes com argumentos compreensíveis, como, por exemplo, o de que o esforço implicou a perda real de quase 50% de suas forças. Com efeito, as perdas de Aníbal em homens e animais foram enormes e, de alguma maneira, nunca puderam se repor, apesar de que, de modo igual, até Canas, continuou humilhando as orgulhosas legiões.

Além disso, é lícito perguntar-se se avançar em território italiano, com bases tão distantes quanto *Nova Cartago* na Hispânia e a própria Cartago, no norte africano, foi uma decisão correta, ainda mais quando os púnicos perderam no trajeto seu domínio marítimo de outrora.

Com base nesse dado, é lógico se indagar se a travessia foi um acerto ou um erro que condenou a campanha posterior ao fracasso. Tratou-se de uma tática razoavelmente correta? Foi um erro estratégico? Por acaso, um movimento de desespero para atacar o inimigo? Nenhuma dessas perguntas pode ser respondida sem ter em conta os objetivos políticos de Aníbal. Se é possível falar em erro, o aspecto político que deu sustentação à campanha itálica deveria ser apontado. A travessia dos Alpes, ainda com sua sequela de perdas enormes, significou, em termos políticos, uma vitória extraordinária que logo foi referendada nos campos de batalha. Outra consideração merece a continuação imediata da guerra ou se teria sido conveniente, embora diante das vitórias sucessivas, deter-se controlando boa parte da Hispânia, Gália Cisalpina e o norte italiano.

Uma continuação da tática da surpresa foram as emboscadas contínuas submetidas aos romanos pelos púnicos, ainda que, com certeza, em menor escala e com resultados mais "morais" que definidores, no sentido estritamente bélico. Na verdade nenhuma emboscada cartaginesa determinou o curso de uma batalha, mas espalhava o desconcerto nas fileiras do inimigo e brindava seus próprios homens com uma confiança superlativa. Os proveitos, portanto, eram de grande importância e até, em uma delas, a vida dos cônsules Cláudio Marcelo e Crispino foi cobrada pouco antes da batalha de Metauro. Algo semelhante acontecia com as fustigações incessantes que a cavalaria númida dos púnicos aplicava, repetindo-se em seu "golpear e se retirar" de imediato, provocando baixas e estabelecendo uma primazia moral efetiva. Dessa maneira, Aníbal forçava os romanos a se manter em uma guerra "defensiva", enquanto ele protagonizava ofensivas constantes.

Onde Aníbal aprendeu os benefícios dessa tática que tão bem manejava? Não havia dúvida de que foi tributário das experiências de seu pai Amílcar, que as utilizou em inúmeras oportunidades e inclusive caiu em desgraça em uma delas, feita pelas forças dos *orisos* na primeira etapa da campanha púnica na Hispânia. Quer dizer, a emboscada era posta em cena por diferentes exércitos e Aníbal a tomou como sua para não deixar de empregá-la.

A tática de surpresa de Aníbal não se esgotava nem nas "mudanças" de território – a travessia dos Alpes, a marcha para o Adriático ou o avanço em direção ao sul da Itália – nem nas emboscadas e "guerrilhas" da cavalaria númida. Pelo contrário, e talvez isso fosse o que mais inquietava os romanos, continuava no andamento da batalha principal, com estratégias e movimentos que procuravam arrastar o adversário para um envolvimento mortal. Isso ficou evidenciado, de maneira clara, na batalha de Canas, possivelmente a mais fantástica que o cartaginês tenha planejado e uma das mais memoráveis de toda a história bélica antiga.

O engano premeditado de deixar ceder a linha central para que a infantaria romana entrasse em um "tubo" rodeado de cartagineses foi, sem dúvida, a maior afronta que as legiões sofreram, evidenciando, por outro lado, que seus chefes tinham pouca perspicácia para entender as manobras do adversário, confiando puramente na disciplina e superioridade quantitativa. Não foi à toa que Quinto Fábio Máximo, talvez um dos poucos militares romanos que entenderam a capacidade de Aníbal, elegeu a cautela e a observação de movimentos como tática a seguir, depois de ter acumulado a experiência de lidar contra um chefe tão engenhoso.

Se o atrevimento da travessia dos Alpes significou um golpe demolidor no moral, Canas o consolidou nos campos de batalha com uma matança de proporções desconhecidas.

Nesse sentido, o gênio militar de Aníbal revolucionou a arte da guerra que precisou, a partir dali, de uma cota de estratégia e criatividade como acompanhantes essenciais da organização, disciplina e preparação.

Mas nem a audácia e a iniciativa insuspeitas de Aníbal poderiam transformar-se em sucesso sem uma liderança férrea e respeitada, precisamente o outro grande feito que Aníbal realizou como comandante militar, estabelecendo uma diferença notável em relação a seus oponentes.

O comando cartaginês foi um mandato que surgiu dos próprios combates, pela sua capacidade e coragem. Os chefes púnicos, com Amílcar como exemplo, tinham um contato direto e cotidiano com seus homens, compartilhando cada aspecto da vida dura de miliciano.

Conclusões

O próprio Aníbal foi criado nessa escola e ninguém se surpreendeu quando foi designado como chefe depois do assassinato de Asdrúbal. Os homens confiavam em seus comandos e os referendavam coletivamente. Nessa união havia mais que um compromisso formal e os combatentes estavam dispostos a dar suas vidas nas batalhas.

No exército cartaginês, essa questão era duplamente importante por se tratar de uma força de características heterogêneas em virtude da quantidade de soldados de diversas origens nacionais e raciais que o formavam, além da forte presença de mercenários, também eles das mais diversas origens. Esse elemento completamente oposto ao que apresentava o exército romano – formado em essência por cidadãos – merecia, de parte do chefe, um conhecimento pontual das potencialidades de cada grupo "nacional" ou racial de soldados e, mais especificamente, de suas principais habilidades e efetividade de suas armas. Só um comandante compenetrado com seus homens e respeitado por eles podia assegurar a maior produtividade de suas forças, e Aníbal era, precisamente, esse tipo. O rendimento da cavalaria númida e dos fundeiros baleares, por exemplo, confirma o dito acima. Também conhecia os limites de alguns de seus aliados circunstanciais, a quem outorgava premeditadamente lugares secundários ou papéis de "isca" para atrair os romanos a uma emboscada. Com base nisso, Aníbal sempre tentava escolher o campo de batalha, que devia ter características que potencializavam algumas de suas tropas, muito especialmente a cavalaria, razão pela qual escolhia campos planos ou que permitissem, pelo menos, explorar a velocidade e a destreza de seus cavaleiros.

É claro que tanto as táticas de guerra quanto a sua capacidade de comando puderam chegar às fronteiras da genialidade que alcançaram, graças, também, à incapacidade e mediocridade dos comandos inimigos, muitos deles políticos em carreira ascendente, apressados em obter vitórias que os projetariam aos degraus mais altos do poder.

Com efeito, em boa parte das Guerras Púnicas, Roma exibiu uma qualidade deficiente de comandos em sua soberba e inexperiência que foram, de algum modo, coautores das vitórias mais notáveis de Aníbal. Pensemos em Varrão, por exemplo, um dos principais responsáveis, se não o maior, pela tragédia em Canas.

Só quando os romanos entenderam essa questão puderam equilibrar as coisas e inclusive fazer valer sua superioridade quantitativa. Mas para isso tiveram primeiro de padecer derrotas significativas e perdas imensas de combatentes, equipamento, máquinas de guerra e recursos econômicos.

Nesse sentido, pode-se afirmar com segurança que Máximo Fábio Quinto foi o expoente da transição para uma chefatura romana renovada, tão audaz e inteligente como a dos cartagineses. Públio Cipião, o vencedor de *Nova Cartago* e depois de Zama, coroaria o processo de mudança, que levou Roma ao triunfo contundente e definitivo. Ambos os comandantes marcaram momentos importantes nas legiões romanas e deixaram seus sinais impressos nelas. O primeiro assumindo uma atitude de cautela e, principalmente estudo do inimigo, tentando descobrir seus pontos fracos e escolhendo os momentos oportunos para travar batalha, enquanto o seguia infatigavelmente e acossava com pequenas formações de fustigamento perpétuo para debilitá-lo. O segundo, tomando a iniciativa e assumindo expedições de surpresa completa e impensáveis em sua audácia. De algum modo, ambos os chefes romanos se puseram à altura do púnico quando reproduziram suas estratégias e as tomaram como suas. É claro que não se tratava de meras cópias, apenas comandantes capazes estavam em condições de aprender as experiências e transformá-las a seu favor.

A tomada de *Nova Cartago* por parte de Cipião é uma clara demonstração desse novo espírito legionário, tão semelhante, em sua direção e realização, às campanhas do próprio Aníbal. O que Cipião fez? O que os cartagineses da Hispânia não poderiam prever jamais: marchar sobre sua capital que, na ocasião, parecia inexpugnável. Cipião realizou uma façanha ao transportar milhares de homens em um tempo recorde contra *Nova Cartago*, chegando suficientemente antes para evitar que os três exércitos cartagineses da Hispânia pudessem socorrê-la. Logo tramou para tomar a cidade, demonstrando uma criatividade digna do púnico. A campanha de Cipião contra a capital cartaginesa na Hispânia tem todas as características – embora, com certeza, em dimensões menos epopeicas – que a travessia dos Alpes de Aníbal, ao concentrar em uma mesma e decisiva operação audácia, iniciativa e surpresa.

Sem bases sólidas para a renovação de homens, provisões e animais, e com um exército romano renovado e adotando as melhores armas do cartaginês, pouco foi o que Aníbal pôde fazer depois da perda da Hispânia. Os papéis se inverteram e a iniciativa não deixou mais de ser romana. As campanhas destes na África coroaram com sucesso o novo curso da guerra.

Agora, como apreciar de forma justa, por fim, a ação de Aníbal na época histórica em que se desenvolveu e atuou?

Conclusões

Inclino-me a pensar que Aníbal deve ser considerado como um genuíno produto de sua época, atravessado por conflitos e crises que herdou de uma situação regional convulsionada por forças que já estavam dispostas quando ele se viu envolvido.

A partir desse ponto de vista, Aníbal agiu como considerou oportuno, segundo as experiências e os ensinamentos que recebeu e que lhe transferiram as forças sociais da época. Interpretou a realidade de seu povo, o sentir do mesmo e agiu de acordo com um mandato que unificou tanto as eleições políticas dos púnicos, que o seguiram, como a dos romanos, que o enfrentaram. Foi fiel representante do desenvolvimento cartaginês, cuja primeira e brilhante exposição foi encarnada por seu pai Amílcar, o patriarca dos Barca.

Sua capacidade política, sua genialidade estratégica militar e sua convicção férrea, ou seja, o conjunto de suas características "subjetivas", fizeram o resto. Foi então que a História e o indivíduo marcaram uma época.

De algum modo, pôde lidar contra tudo o que dele dependia, mas não contra as novas forças históricas que, do outro lado do Mediterrâneo, estavam se formando. Roma crescia, como aponta Eduard Meyer, "... de uma potência territorial, com interesses puramente locais, a uma potencia mundial".

E contra isso nenhum indivíduo podia lidar com sucesso.

Cronologia do Início da Primeira Guerra Púnica até a Morte de Aníbal

264 a.C.	Início da Primeira Guerra Púnica.
263 a.C.	Resistência cartaginesa em Agrigento.
262 a.C.	Tomada de Agrigento pelos romanos.
261 a.C.	Construção da frota romana.
259 a.C.	Reforços púnicos para a Sardenha. Bloqueio romano da Sardenha. Roma ocupa a Córsega.
256 a.C.	Régulo na África.
255 a.C.	Derrota e captura de Régulo.
249 a.C.	Naufrágio da frota romana.
247 a.C.	Ofensiva de Amílcar Barca na Sicília.
241 a.C.	Roma ocupa a Sicília.
241-237 a.C.	Revolta dos mercenários contra Cartago.
241 a.C.	Fim da Primeira Guerra Púnica. Tratado de Caio Lutácio.
240-238 a.C.	Rebelião dos mercenários de Cartago (a Guerra Imperdoável). Anexação da Sardenha e da Córsega por Roma.
237 a.C.	Amílcar desembarca na Espanha iniciando a sujeição das tribos locais.
229 a.C.	Morte de Amílcar; é sucedido por seu genro Asdrúbal. Consolidação das conquistas em território espanhol.

226 a.C.	Fundação de Nova Cartago (Cartagena), capital púnica da Espanha. Asdrúbal e Roma firmam o tratado do Ebro.
221 a.C.	Assassinato de Asdrúbal. Aníbal Barca (filho de Amílcar) assume como chefe supremo na Espanha.
219 a.C.	Tomada de Sagunto por Aníbal.
218 a.C.	Aníbal, depois de cruzar os Alpes, chega ao norte da Itália iniciando a Segunda Guerra Púnica. Cneu Cipião desembarca em Ampúrias e derrota os cartagineses em Cesse. Na Itália, vitória de Aníbal em Ticino e Trebia.
217 a.C.	O cônsul C. Flamínio é derrotado e morto por Aníbal na batalha do lago Trasimeno. Fábio Máximo é nomeado ditador em Roma. Asdrúbal Barca é derrotado por Cneu Cipião na batalha naval do Júcar.
216 a.C.	Batalha de Canas. Cápua, os samnitas, os lucanos e os brutianos se separam de Roma. As legiões de Mânlio são aniquiladas na Gália.
215 a.C.	Aníbal e Filipo V da Macedônia firmam um tratado de aliança. Morte de Hierão II de Siracusa, aliado de Roma. Os Cipião derrotam Asdrúbal na Espanha, na batalha de Hibera, impedindo a ajuda a seu irmão na Itália.
214 a.C.	Aníbal se aproxima de Tarento. Jerônimo de Siracusa abandona a aliança com Roma. Cláudio Marcelo sitia Siracusa. Começa nos Bálcãs a Primeira Guerra Macedônica. O númida Sífax se levanta contra Cartago na África. Os romanos avançam para a Andaluzia.
212 a.C.	Aníbal consegue tomar Tarento, mas a guarnição romana resiste na cidadela. As legiões assediam Cápua. Marcelo toma Siracusa de assalto; morte de Arquimedes. Na Espanha, os Cipião recuperam Sagunto.
211 a.C.	Aníbal chega às portas de Roma sem se decidir por assaltá-la. Cápua se rende aos romanos. Na Espanha, os Cipião são derrotados e mortos.
210 a.C.	Na Sicília, Agrigento é tomada pelos romanos. Públio Cornelio Cipião (filho) assume o comando dos exércitos romanos na Espanha.

209 a.C.	Fábio Máximo recupera Tarento. Cipião toma de assalto Cartagena, na Espanha. Os chefes iberos, Mardônio e Endíbil, passam para o lado dos romanos.
208 a.C.	O cônsul C. Marcelo cai morto em uma emboscada. Na Espanha, Cipião derrota Asdrúbal na batalha de Baecula (Bailén) mas não consegue impedir que este escape para o norte e consiga passar para a Itália com reforços para Aníbal.
207 a.C.	Batalha do Metauro. Asdrúbal é derrotado e morto pelos cônsules C. Nerão e M. Lívio. Aníbal refugia-se no Brutio.
206 a.C.	Na Espanha, Cipião obtém a vitória de Ilipa, pondo fim ao domínio de Cartago na península ibérica.
205 a.C.	Cipião, nomeado cônsul, começa os preparativos para a invasão de Cartago.
204 a.C.	Cipião desembarca na África.
203 a.C.	Aníbal abandona a Itália para defender Cartago.
202 a.C.	Batalha de Zama: Cipião derrota Aníbal. Fim da Segunda Guerra Púnica.
187 a.C.	Roma vence Antíoco. Aníbal foge para o reino da Bitínia.
183 a.C.	Acurralado, Aníbal comete suicídio.

ANEXOS

Retrato da Família Barca, segundo Cornelio Nepote

Amílcar

"Antes da chegada de Amílcar, de sobrenome Barca, as tropas cartaginesas haviam padecido uma derrota após a outra, isto tanto em terra quanto no mar. Mas, desde que Amílcar chegou, Cartago não cedeu diante de nenhum de seus inimigos e ninguém mais pôde lhe causar danos. Amílcar, se por acaso a ocasião se apresentasse oportuna, empreendia o ataque e saía vitorioso. Foi ele quem fez a defesa da Sicília, em Érice, e foi tão perfeita que parecia que guerra alguma havia chegado por ali.
Entretanto, os exércitos cartagineses haviam sido derrotados no mar, muito próximos das ilhas Égatas, quando enfrentaram o cônsul romano Caio Lutácio e decidiram que já era hora de colocar um fim na guerra. Essa decisão foi deixada nas mãos de Amílcar, que, apesar de desejar continuar na luta, entendeu que o melhor serviço que poderia prestar a Cartago era a paz, uma vez que as perdas eram tão grandes que sua pátria não poderia continuar apoiando tal esforço. Do mesmo modo, Amílcar continuou com a ideia de recomeçar a guerra tão logo Cartago pudesse repor seus recursos, para perseguir os romanos até vencê-los definitivamente ou reconhecer a própria derrota. Com isso em mente, Amílcar negociou a paz e o fez de modo tão altaneiro, que Catulo disse que a guerra continuaria até que Amílcar e todos os que haviam defendido Érice abandonassem a Sicília. Amílcar disse que era indigno de sua coragem entregar

as armas ao inimigo e que preferia morrer antes de cumprir essa exigência. Por fim, Catulo aceitou as condições de seu rival e selou o acordo.

Quando Amílcar voltou a Cartago, descobriu que a situação não era a que imaginara. Os desastres causados pela guerra contra os romanos agora haviam provocado uma guerra interna e Cartago estava em perigo como nunca antes. Os mercenários, aqueles que lutaram contra os romanos em número de 20 mil, haviam desertado e produzido um levante em toda a África, atacando a própria Cartago. Os cartagineses estavam tão aterrorizados que chegaram até a pedir ajuda a Roma, que enviou tropas.

E, já sem esperanças, decidiram nomear Amílcar como o general que deveria salvá-los. Amílcar conseguiu que os inimigos abandonassem o cerco contra as muralhas de Cartago, ainda que seu número tivesse aumentado para mais de 100 mil homens e logo os confinou em uma zona tão estreita, que muitos deles morreram de fome e não em batalha.

Útica e Hipona, duas das cidades mais poderosas da África, que haviam se sublevado como tantas outras, foram devolvidas a Cartago. E, como se isso fosse uma façanha pequena, estendeu os limites das próprias fronteiras, mantendo a paz em toda a África a um grau que parecia que a guerra nunca tinha chegado lá.

Depois de realizar todas essas façanhas, e motivado por suas vitórias e pelo ódio que professava aos romanos, fez-se nomear general do exército cartaginês contra a Hispânia, para onde, para continuar a luta, levou seu filho Aníbal, que na ocasião tinha apenas 9 anos. Também foi com ele Asdrúbal, um jovem tão famoso quanto elegante, por quem se dizia que Amílcar professava um amor além do conveniente. É que a maldade não podia deixar de acusar um homem de sua importância. A consequência dessa falação foi que se proibiu que Asdrúbal ficasse ao lado dele. Então, Amílcar entregou sua filha como sua esposa, já que os costumes da época não podiam impedir que um genro vivesse com seu sogro.

Eu menciono Asdrúbal nesta crônica porque, ao morrer, foi Amílcar quem o encarregou do exército cartaginês, com quem concretizou grandes façanhas e conseguiu para os cartagineses tantas doações de dinheiro que, rápido, se esqueceram de seus costumes antigos. Quando Asdrúbal morreu, o exército ficou sob o comando de Aníbal."

Aníbal

"Filho de Amílcar, Aníbal sobressaiu acima dos outros generais pelo seu talento militar; do mesmo modo que Roma sobressaiu pela sua coragem entre todos os povos. Quantas vezes lutou na Itália, saiu vitorioso e se seus concidadãos não o tivessem invejado tanto a ponto de debilitar seu poder, é possível que tivesse vencido completamente os romanos. Mas foi isso que aconteceu, e um só caiu pela inveja de tantos.

Mas Aníbal persistiu em seu ódio contra Roma, como se fosse a única herança recebida de seu pai, que morreu com ela e, ainda depois de ter sido expulso de sua própria pátria, jamais abandonou a ideia de lutar contra os romanos.

Com a idade de 9 anos, Aníbal marchou com seu pai para a Hispânia, e, quando seu pai morreu, Asdrúbal pegou o comando, ficando Aníbal como chefe de toda a cavalaria. E, quando Asdrúbal foi assassinado, o comando de todo o exército passou para as suas mãos.

Cartago, informada do ocorrido, aprovou a designação. Assim, quando ainda não havia completado 25 anos de idade, Aníbal chegou a comandante supremo dos cartagineses. Mais tarde, nos três anos seguintes, conquistou os povos da Hispânia, capturou Sagunto, a aliada de Roma, e organizou três poderosos exércitos. Enviou um deles para a África; o outro deixou na Hispânia sob o comando de seu irmão Asdrúbal, e o terceiro ele mesmo levou para atravessar os Pirineus e conquistar a Itália.

Por onde ia, lutava contra a população e saía vitorioso. Ao atravessar os Alpes, montanhas que, além de Hércules, ninguém havia podido atravessar, derrotou os povos alpinos que tentavam impedir sua passagem, abriu caminhos, preparou rotas para conseguir passar com elefantes equipados por onde antes só um homem, inclusive sem armas, não teria conseguido passar se arrastando.

Aníbal havia combatido no Ródano contra o cônsul Públio Cornelio Cipião, a quem fez fugir; também o enfrentou em Clastídio, nas proximidades do rio Pó, onde o pôs, mais uma vez, em fuga. Em seguida, enfrentou o mesmo Cipião, dessa fez com as forças de T. Longo em Trebia, e venceu a ambos. Depois dessas vitórias, Aníbal atravessou os Apeninos por Ligúria, em direção à Etruria.

Nessa campanha, Aníbal viu-se afetado por uma doença em seu olho direito, com o qual não voltaria a enxergar como antes. Sua doença continuou a ponto de ser transportado em liteira, quando seu exército matou o cônsul G. Flamínio que havia ficado ilhado com suas tropas por uma estratégia sua em Trasimeno, e pouco depois fez o mesmo com o pretor G. Centênio. Mais tarde, dirigiu-se para Apúlia, onde saíram a seu encontro os cônsules Caio Terêncio e Lúcio

Paulo. Em um único combate, Aníbal fez os dois exércitos fugirem; o cônsul Paulo foi morto e alguns outros cônsules também, entre os quais se encontrava Cneu Servilio Gêmino, que havia sido cônsul no ano anterior.

Depois dessa batalha, Aníbal dirigiu-se a Roma, sem encontrar resistência alguma em seu caminho. Só se deteve nas montanhas próximas da cidade, fixando seu acampamento que, ao fim de alguns dias, levantou para marchar de volta para Cápua. Foi então que o ditador romano Quinto Fábio Máximo o enfrentou, na planície de Falerno e, embora estivesse encurralado em um desfiladeiro, Aníbal soube sair vitorioso com seu exército, enganando o astuto general romano. A tática de Aníbal foi audaz: coberto pela obscuridade da noite, ordenou colocarem fogo em ramos lenhosos que fez com que fossem atados antes nos chifres de alguns novilhos; em seguida os soltou espalhados por todas as partes. Quando os romanos os viram, produziu-se um pânico tal em suas fileiras que nenhum soldado se atreveu a sair de suas defesas.

Poucos dias depois de tal façanha, Aníbal obrigou Marco Minúcio Rufo – chefe da cavalaria e dotado de um poder igual ao do ditador – a fugir depois de forçá-lo a um enfrentamento, mediante astúcia.

Também derrotou o cônsul, eleito pela segunda vez, Tibério Semprônio, em Lucina, a quem derrotou depois de tê-lo conduzido para uma emboscada. A Marco Cláudio Marcelo, matou perto de Venosa, quando o cônsul, eleito pela quinta vez, também caiu em uma emboscada.

Torna-se prolixo enumerar cada uma de suas batalhas, mas é suficiente assinalar uma só coisa que dá conta de quão grande era esse general cartaginês: na Itália não houve ninguém que resistisse a ele no campo de batalha e, depois de sua vitória em Canas, ninguém ousou estabelecer acampamento diante do seu. Tempos depois e sem ter sofrido derrota alguma perante os romanos, Aníbal foi chamado novamente para defender sua pátria: fez guerra contra Públio Cipião, o filho de quem pôs em fuga no Ródano, depois no Pó e por fim em Trebia. Quando Cartago se encontrava fatigada de tanta guerra, propôs um fim das hostilidades para recobrar as forças novamente, mas, depois de se encontrar com o chefe inimigo, não chegou a nenhum acordo. Depois disso, foi enfrentado em Zama, onde foi vencido, e após duas longas jornadas chegou a Hadrumento, a 482 quilômetros do lugar da batalha. Os númidas, que haviam fugido com ele, então, tramaram uma cilada contra seu chefe, mas Aníbal conseguiu vencê-los. Já em Hadrumento, convocou novos recrutas e se preparou, mais uma vez, para a contenda. Mas, para ele, já era tarde: os cartagineses haviam firmado a paz com Roma. Apesar disso, Aníbal e seu irmão Magão continuaram combatendo na África. Cartago, enquanto isso, mostrava-se agradecida pela paz e enviou ao povo e ao Senado romanos, na época da magistratura de P. Sulpício e C. Aurélio, uma coroa de ouro como oferta de seu reconhecimento. Solicitou ainda a devolução dos prisioneiros de guerra, embora Roma pudesse manter seus reféns em Fregelli.

O Senado romano respondeu que aceitava a oferta de bom gosto e que os reféns seriam mantidos em Fregelli, mas que não devolveriam os prisioneiros, porque Aníbal, a quem consideravam o verdadeiro causador da guerra, continuava ostentando o galardão máximo no exército cartaginês, junto de seu irmão Magão.

Então, os cartagineses fizeram Aníbal e Magão voltarem e nomearam Aníbal rei, porque, assim como em Roma, os cônsules eram escolhidos por ano, em Cartago se elegiam os reis anualmente.

Durante o exercício de sua magistratura, Aníbal demonstrou as mesmas capacidades de quando comandava a guerra, o que permitiu que arrecadasse dinheiro suficiente de que Cartago precisava para pagar os tributos a Roma e, inclusive, conseguiu sobras do erário público.

No ano seguinte, Roma enviou a Cartago os cônsules M. Cláudio e L. Fúrio, e Aníbal, acreditando que vinham para levá-lo, decidiu embarcar secretamente e se dirigiu à Síria, para buscar refúgio na corte de Antíoco. Os cartagineses perceberam essa manobra tardiamente e enviaram duas naves para que o alcançassem e detivessem, mas não tiveram sucesso. Depois confiscaram todos os bens de Aníbal, deixaram sua casa em ruínas e desde então passaram a considerá-lo um exilado.

Três anos mais tarde, quando o consulado romano estava nas mãos de L. Cornelio e Q. Minúcio, Aníbal chegou à África com cinco naves, desembarcou perto de Cirene e mais uma vez tentou convencer os cartagineses a reiniciar a guerra contra Roma, ainda mais quando era apoiado por Antíoco. E com esse propósito enviou seu irmão Magão. Mas os cartagineses, conhecendo essa manobra, castigaram Magão e Aníbal, na ausência deste. Finalmente, voltaram ao mar e Aníbal regressou com Antíoco.

Magão, por seu lado, morreu, sendo duas as versões sobre seu desaparecimento: alguns afirmam que em um naufrágio, outros que foi assassinado pelos seus próprios escravos. (...)

Logo após a fuga de Antíoco, Aníbal dirigiu-se a Creta, temeroso de ser entregue, o que, com certeza, teria acontecido se, por acaso, se deixasse surpreender. Em Gortina, decidiu enfim onde iria buscar refúgio.

Aníbal, o mais astuto entre os homens, deu-se conta do risco que correria pela cobiça dos cretenses, já que carregava grande quantidade de dinheiro e então decidiu encher muitas ânforas de chumbo, as quais coroou superficialmente com ouro e prata. Em seguida, assegurando-se de ser visto por homens de grande importância, depositou as ânforas em um templo de Diana, fingindo deixar toda a riqueza sob a proteção de seus cuidadores. Depois, com a certeza de ter enganado os cretenses, encheu algumas estátuas de bronze que levava com ele com todas as riquezas que tinha e as deixou no pátio de sua própria casa.

Após ter burlado os cretenses e conseguido pôr o tesouro em bom esconderijo, Aníbal dirigiu-se à corte de Prúsias no Ponto, onde se refugiou. Lá, revelou intenções de atacar a Itália, convidando seu protetor para se unir a ele.

Eumenes, rei de Pérgamo, estava enfrentando-o, já que era aliado dos romanos e fazia a guerra, tanto por mar como por terra, com forças muito superiores, posto que os romanos lhe prestaram colaboração. Aníbal, então, tinha como seu maior desejo vencê-lo e acreditava que ao fazê-lo as outras dificuldades desapareceriam. Então, idealizou a seguinte maneira de matá-lo: uma grande batalha naval se aproximava, na qual Eumenes teria grande vantagem. Então, Aníbal deu ordem para que se coletasse a maior quantidade possível de serpentes venenosas e elas foram colocadas em vasilhas de barro. No dia da batalha, ordenou a seus soldados para atacar, todos juntos, apenas uma das naves de Eumenes e, nos demais navios, deveriam limitar-se a se defender, o que podiam fazer graças às serpentes que carregavam. O próprio Aníbal lhes diria qual nave atacar, aquela em que estava o rei inimigo, e prometeu a seus homens uma grande recompensa se conseguissem capturá-lo como prisioneiro ou se o matassem. Depois, preparou-se para entrar em combate. Antes de se iniciarem as manobras, ele enviou um mensageiro à frota inimiga, levando o caduceu e uma carta para o rei. Os incautos receberam o mensageiro e, acreditando que este levava uma proposta de paz, conduziram-no, de imediato, a Eumenes. Aníbal via todo o movimento e dessa maneira descobriu em que nave se encontrava o rei inimigo.

Quando Eumenes abriu a carta, descobriu que nela só havia gozações contra ele e, em seguida, ordenou a suas naves que atacassem. Então, os homens de Aníbal, de acordo com a indicação deste, lançaram-se ao mesmo tempo contra a nave que levava Eumenes. O ataque foi de tal violência, que Eumenes nada pôde fazer para repeli-lo e fugiu para se refugiar nas defesas que tinha nas proximidades da costa. Enquanto isso, o restante da frota de Pérgamo começou a cercar as naves de Aníbal, quando foram invadidos por uma chuva de jarros de barro, que caíram sobre eles. No início, o contra-ataque de Aníbal causou surpresa e gozações na frota pérgama, mas, logo, os risos deram lugar ao terror, ao descobrirem sobre suas naves tantas serpentes venenosas. Por fim, aterrorizados, só atinaram em buscar refúgio em seus diques. Dessa maneira, Aníbal conseguiu vencer seus inimigos no mar, como, mediante astúcias engenhosas, o faria muitas vezes em terra.

Enquanto esses acontecimentos se sucediam na Ásia, quis a casualidade que alguns embaixadores de Prúsias estivessem em Roma, a convite do cônsul T. Quinto Flamínio. Ali disseram que Aníbal se encontrava no reino de Prúsias, dado que Flamínio informou, o mais rápido possível, ao Senado romano. Os senadores tinham uma consciência clara de que jamais se livrariam de Aníbal e suas estratégias engenhosas enquanto ele continuasse com vida, e enviaram mensageiros, entre os quais se encontrava o próprio Flamínio, para pedir ao rei Prúsias que não abrigasse o maior inimigo de Roma e que o entregasse. Prúsias apelou ao princípio da hospitalidade para não ter de ser ele mesmo quem entregasse Aníbal aos romanos, mas permitiu que estes o aprisionassem: a empresa não parecia difícil, uma vez que Aníbal vivia em uma casa que o próprio rei lhe havia cedido e que o próprio cartaginês havia reformado com várias saídas para o caso de ser colocado em uma armadilha, como, de fato, acabou acontecendo.

Finalmente, os romanos chegaram até a casa e a rodearam com tantos soldados como nunca antes havia acontecido. Então, Aníbal ordenou a um escravo que inspecionasse as saídas e, como este lhe dissera que todas estavam sob vigilância redobrada, ele compreendeu que seus dias estavam chegando ao fim.

Decidido a não morrer nas mãos de inimigos e, com grande coragem, tomou, finalmente, um veneno que sempre levava consigo.

Desse modo, Aníbal, o mais corajoso dos homens, depois de ter sofrido muitas tristezas, conseguiu o descanso aos 70 anos."

Resenhas Biográficas

Aníbal Barca (247 a.C.-183 a.C.)

Militar nascido em Cartago, em 247 a.C., e morto em Bitínia, atual Turquia. Filho de Amílcar Barca. Depois da morte de seu pai e do assassinato de seu cunhado Asdrúbal, Aníbal assumiu o comando do exército cartaginês que havia conquistado uma importante faixa da costa hispânica. Realizou várias expedições para o altiplano central e submeteu numerosos povos ibéricos. Em 219 a.C., conquistou a cidade de Sagunto, aliada de Roma, e transpôs o rio Ebro, fixado como limite para que cartagineses e romanos exercessem suas respectivas influências na Hispânia. Iniciada a Segunda Guerra Púnica (219 a.C.), partiu para a Itália com seu exército e, depois de atravessar os Pirineus e os Alpes – façanha de dimensões até então desconhecidas –, alcançou a planície do Pó, onde derrotou as legiões em Tesino e em Trebia, e no ano seguinte, no lago Trasimeno, conquistando a Itália central. Depois de ter chegado às portas de Roma, decidiu se retirar para conquistar os territórios meridionais. Em 216 a.C., venceu os romanos em Canas, onde sobrepujou as tropas de Lúcio Emílio Paulo e Marco Terêncio Varrão, apesar de contar com uma força bem inferior. Com as campanhas romanas na Hispânia, seu destino militar ficou selado: sem provisões suficientes e sem bases seguras de abastecimento, sem o apoio das cidades italianas e fustigados pelas legiões, que não deixavam de segui-los, os problemas aumentaram até ficar praticamente confinado no extremo sul da Itália, sem maiores probabilidades de vencer em uma batalha frontal com as legiões. Uma vez a Hispânia conquistada pelos romanos, Públio Cornelio Cipião desembarcou nas proximidades de Cartago forçando o regresso de Aníbal para sua pátria, onde foi completamente vencido na batalha de Zama (202 a.C.). Então, Cartago se viu obrigada a firmar uma paz humilhante que pôs fim a seu Império no Mediterrâneo. Apesar disso, Aníbal foi eleito sufete (197 a.C-196 a.C.), cargo a partir do qual tentou reorganizar as finanças da metrópole e o poderio militar de outrora. Os planos se viram mais uma vez frustrados pelos romanos, que provocaram sua fuga para a corte do rei Antíoco III, da Síria, a quem propôs enfrentar Roma juntos, apoiados, por sua vez, por Filipo V da Macedônia. As novas alianças resultaram frágeis contra o poderio romano e em 183 a.C. se encontrava refugiado no reino da Bitínia, onde finalmente se suicidou, no mesmo ano.

Asdrúbal Barca (245 a.C.- 207 a.C.)

Militar cartaginês, tão reconhecido pelas qualidades de estrategista quanto pela política diplomática. Irmão de Aníbal, conduziu os exércitos cartagineses na Hispânia. Públio Cornelio Cipião derrotou-o em Tortosa (215 a.C.), embora tenha sofrido uma revanche três anos depois em Lorca, obrigando as legiões a retroceder até o Ebro. No ano de 209 a.C., os romanos ocuparam Nova Cartago e logo o venceram na batalha de Baecula, obrigando-o a abandonar a Hispânia em direção à Itália, onde pensava levar reforços para o seu irmão. Apesar das intenções, os romanos o interceptaram em Metauro (207 a.C.), onde perdeu a vida em batalha.

Amílcar Barca (- 229 a.C.)

Fundador da dinastia, ele foi um dos primeiros representantes dos governantes púnicos resolvidos a combater Roma. Militar destacado durante a guerra na Sicília, foi convocado quando aconteceu a rebelião dos mercenários, que sufocou depois de três anos. Principal mentor da invasão púnica à Hispânia, submeteu numerosas tribos costeiras e do interior da região, incitando a exploração de prata, que produziu uma admirável recuperação da arruinada Cartago depois da Primeira Guerra Púnica. Morreu ao ser emboscado pelo povo dos orisos em 229 a.C. Foi sucedido pelo seu genro Asdrúbal.

Magão Barca (- 203 a.C.)

Militar cartaginês. Irmão caçula de Aníbal. Interveio tanto nas campanhas da Itália como nas da Hispânia. Depois da perda de Nova Cartago e da triunfal incursão romana pela península ibérica, foi derrotado pelas legiões na batalha de Ilipa, fato que marcou o fim da presença cartaginesa na península ibérica. Posteriormente, dirigiu-se para as ilhas Baleares (206 a.C.) e de lá, depois de receber a ordem de Cartago de auxiliar Aníbal, partiu para a Ligúria. Manteve-se durante alguns anos na Itália sem poder socorrer o irmão. Convocado mais uma vez por Cartago para ajudar a rechaçar a invasão romana na África, tentou voltar, mas morreu no caminho, pelas feridas que sofreu em batalha contra as legiões.

Cláudio Marcelo (268 a.C.-208 a.C.)

Político e militar romano. Cônsul em quatro oportunidades, ocupou a Gália Cisalpina (222 a.C.) e Siracusa (212 a.C.). Contra Aníbal, sua sorte foi diferente, contendo-o em muitas oportunidades, mas finalmente morreu depois de cair em uma emboscada da cavalaria púnica em 208 a.C.

Os Cipião

Dinastia patrícia de Roma, pertencente à *gens Cornelia*. Dela vieram vários políticos dos séculos IV e III a.C., que ocuparam cargos de *magister equitum*, tribuno, *interrex,* cônsul, ditador, pontífice máximo, emissário, pró-pretor, censor, edil.

Públio Cornelio Cipião (- 212 a.C.)

Nomeado cônsul em 218 a.C., e pró-cônsul no ano seguinte, participou da Segunda Guerra Púnica comandando as tropas romanas derrotadas por Aníbal em Marselha, Tesino e Trebia. Mais tarde, reuniu-se a seu irmão Cneu Cornelio Cipião para realizar operações na Hispânia, sendo seu maior sucesso a reconquista da cidade de Sagunto (217 a.C.). Morreu em combate em 212 a.C.

Cneu Cipião (- 212 a.C.)

Irmão de Públio. Foi eleito cônsul em 220 a.C. Acompanhou Públio Cornelio durante a campanha romana na Hispânia. Morreu em combate em 212 a.C., quase um mês de diferença de seu irmão.

Públio Cornelio Cipião, o Africano (236 a.C. - 183 a.C.)

Filho do cônsul Públio Cornelio Cipião, falecido na Hispânia será a sombra de Aníbal e seu vencedor. Em 211 a.C., obteve o comando de quatro legiões na Hispânia, de onde desenvolveu uma campanha vitoriosa, da qual um dos momentos mais altos foi a tomada de Nova Cartago (209 a.C.). Depois conquistou a Andaluzia, onde fundou a cidade de Itálica (Sevilha), destinada à fixação de seus veteranos. Depois de ter conquistado a Hispânia, prosseguiu sua campanha na África (204 a.C.), onde obteve, com habilidade, a aliança das tribos númidas de Massinisa, antes a principal força de Aníbal. Em 202 a.C., depois do regresso de Aníbal a Cartago, derrotou os cartagineses na batalha de Zama, dando por terminada a Segunda Guerra Púnica. Posteriormente, tentou a carreira política em Roma, mas a inveja e o receio que suas vitórias trepidantes haviam despertado entre vários senadores geraram uma cilada da qual não conseguiu escapar. Ainda assim, foi nomeado censor e cônsul (194 a.C.). Sua carreira se viu abruptamente interrompida depois de ser acusado de atos de corrupção, razão que o levou a um retiro forçado da vida pública. Faleceu na Campânia, curiosamente no mesmo ano que seu eterno inimigo: Aníbal.

Lúcio Emílio Paulo (- 216 a.C.)

Militar romano. Eleito cônsul (219 a.C.), derrotou os ilírios. Reeleito três anos mais tarde, participou com Marco Terêncio Varrão da batalha de Canas (216 a.C.), na qual foi derrotado e morto pelas tropas de Aníbal.

Bibliografia

Fontes clássicas e literárias

APIANO. *Sobre Iberia, sobre África*. Madrid: Planeta-De Agostini, 1998.

ARISTÓTELES. "La política". In: *Ética a Nicómano*. México: Porrúa, 1970.

ESTRABÃO. *Geografia*. Madrid: Planeta-De Agostini, 1998.

FLORO, Lucio Anneo. *Gestas romanas*. Buenos Aires: Austral, 1953.

FLAUBERT, Gustave. *Salambó*. In: *Obras Immortales*. Madrid: Edaf, 1980.

HERÓDOTO. *Los nueve libros de la historia*. Barcelona: Océano, 1999.

NEPOTE, Cornelio. *Vidas*. Madrid: Gredos, 1985.

PLUTARCO. *Vidas paralelas*. Barcelona: Planeta, 1991.

POLÍBIO DE MEGALÓPOLIS. *Historia universal*. Buenos Aires: Hachette, 1965.

POLIENO. *Estrategias*. Madrid: Gredos, 1991.

TITO LÍVIO. *Desde la fundación de Roma*. Livros XXI-XXV; XXVI-XXX. Madrid: Alianza, 1992.

Estudos contemporâneos

ALTHEIM, F. *Historia de Roma*. México: Uteha, 1961.

BALDELLI, Paci; TOMASSINI. *La batalla del Metauro*. Fano, Itália: Minardi, 1994.

BARCELÓ, Pedro. *Aníbal de Cartago*. Madrid: Alianza, 2000.

BLÁZQUEZ, J. M. *Los Bárquidas en la Península Ibérica: Fenicios, griegos y cartagineses en Occidente*. Madrid: Cátedra, 1992.

BURCKHARDT, Jacob. *Historia de la cultura griega*. Barcelona: Iberia, 1974.

CARCOPINO, Jerônimo. *Las etapas del imperialismo romano*. Buenos Aires: Paidos, 1965.

COLL, Pieter. *Esto ya existió en la antigüedad*. Barcelona: Aymá, 1964.

CONNOLLY, Peter. *Aníbal y los enemigos de Roma*. Madrid: Espasa Calpe, 1980.

_____. *Las legiones romanas*. Madrid: Espasa Calpe, 1980.

CORNELL, Tim; MATTHEWS, John. *Roma, legado de un imperio*. Barcelona: Folio, 1993.

COTTERELL, Arthur (Org.). *Historia de las civilizaciones antiguas: Europa, América, China, India*. Barcelona: Crítica, 1984.

D'ORS, Álvaro. *Tres temas de la guerra antigua*. Santiago de Compostela: Consejo Superior de Investigaciones Científicas, 1947.

FANTAR HASSINE. *Los fenicios en el Mediterráneo*. Barcelona: Icaria, 1999.

FATÁS, G. *Roma, las primeras guerras púnicas*. Madrid: Akal, 1990.

FINLEY, M. I. *Historia antigua: problemas metodológicos*. Barcelona: Crítica, 1986.

_____. *El nacimiento de la política*. Barcelona: Crítica, 1986.

_____. *El legado de Grecia: una nueva valoración*. Barcelona: Crítica, 1983.

FOUILLÉ, A. *Bosquejo psicológico de los pueblos europeos*. Madrid: Daniel Jorro Editor, 1903.

GÓMEZ DE CASO ZURIAGA, J. *Amílcar y la política cartaginesa*. Universidad de Alcalá de Henares. Servicio de Publicaciones, 1996.

GRIMAL, Pierre. *El helenismo y el auge de Roma*. México: Siglo XXI, 1992.

_____. *Diccionario de mitología griega y romana*. Buenos Aires: Paidos, 2005.

GOLDSWORTHY, Adrián. *Grandes generales del ejército romano: campañas, estrategias y tácticas*. Barcelona: Ariel, 2005.

HARDEN, D. B. *Los fenicios*. Barcelona: Aymá, 1967.

HEALY, Mark. *Cannas 216 AC*. Madrid: Del Prado, 1995.

HOMO, Leon. *Nueva historia de Roma*. Barcelona: Iberia, 1971.

_____. *La Roma imperial y el urbanismo en la Antigüedad*. México: Uteha, 1956.

HUSS, Werner. *Los Cartagineses*. Madrid: Gredos, 1993.

_____. *Cartago*. Barcelona: Acento, 2001.

LANCEL, Serge. *Aníbal*. Barcelona: Crítica, 1997.

_____. *Cartago*. Barcelona: Crítica, 1992.

LIVESEY, Anthony. *Escipión el Africano*. Barcelona: Rombo, 1995. (Col. Grandes Batallas, tomo XVI).

MENÉNDEZ PIDAL, R. "España romana". In: *Historia de España*. Tomo II. Madrid: Espasa Calpe, 1955.

MEYER, Eduard. *El historiador y la historia antigua*. México: FCE, 1982.

MILLAR, F. *El imperio romano y sus pueblos limítrofes*. Madrid: Siglo XXI, 1979.

MIRA GUARDIOLA, M. A. *Cartago contra Roma*. Madrid: Aldebarán, 2000.

MOMIGLIANO, A. *La historiografía griega*. Barcelona: Crítica, 1984.

MOMMSEN, Theodor. *Historia de Roma*. Fragmento do volume III, Orbis. Buenos Aires: Hispamérica, 1983.

_____. *Historia de Roma*. Madrid: Turner, 1983.

_____. *El mundo de los césares*. Madrid: FCE, 1983.

MONTESQUIEU. *Grandeza y decadencia de los romanos*. Buenos Aires: Austral, 1947.

MOSCATI, S. *Los cartagineses*. Madrid: Encuentro, 1983.

NICOLET, Claude. *La conquista del Mediterráneo*. 2 tomos. Barcelona: Nueva Clío, 1982.

OGILVIE, R. M. *Roma antigua y los etruscos*. Madrid: Taurus, 1982.

_____. *Los etruscos*. In: COTTEREL, Arthur (Org.). *Historia de las civilizaciones antiguas: Europa, América, China, India*. Barcelona: Crítica, 1984.

PIGANIOL, André. *Historia de Roma*. Buenos Aires: Eudeba, 1971.

VALDEAVELLANO, Luis. *Historia de España*. Tomo I. Madrid: Alianza, 1980.

VOGT, J. *Decadencia de Roma. La metamorfosis de la cultura antigua*. Madrid: Guadarrama, 1968.

WEBER, Max. *Historia agraria romana*. Madrid: Akal, 1981.